科技创新战略与实践丛书

东莞松山湖高新区
综合发展与比较研究

刘　洋　张寒旭　盘思桃　◎主　编
罗梦思　张会勤　封春生　◎副主编
韦文求　陈　诚　黄　容　◎参　编
徐　瑞　张树锋

电子工业出版社
Publishing House of Electronics Industry
北京•BEIJING

内容简介

本书以准确把握东莞松山湖高新区综合发展情况为主线，回顾了东莞松山湖高新区发展历程，总结其当前社会发展基础与面临形势，并以国家高新区综合评价指标体系为基础，构建了适应松山湖发展需要的综合比较评价指标体系，从自主创新能力、产业高质量发展、开放创新与区域竞争力、吸引力与可持续发展、区域辐射带动作用等维度，分析研究东莞松山湖高新区的综合竞争力，总结、凝练当前发展存在的问题，进而提出未来东莞松山湖高新区发展对策和建议，以期为东莞松山湖高新区"十四五"时期强优势、补短板、蓄后劲谋求破局路径，为全国高新区创新发展提供松山湖经验。

未经许可，不得以任何方式复制或抄袭本书之部分或全部内容。

版权所有，侵权必究。

图书在版编目（CIP）数据

东莞松山湖高新区综合发展与比较研究 / 刘洋，张寒旭，盘思桃主编. —北京：电子工业出版社，2023.10
（科技创新战略与实践丛书）
ISBN 978-7-121-46402-7

Ⅰ. ①东… Ⅱ. ①刘… ②张… ③盘… Ⅲ. ①高技术产业区－研究－东莞 Ⅳ. ①F127.653

中国国家版本馆 CIP 数据核字（2023）第 177714 号

责任编辑：李　敏
印　　刷：北京天宇星印刷厂
装　　订：北京天宇星印刷厂
出版发行：电子工业出版社
　　　　　北京市海淀区万寿路 173 信箱　　邮编：100036
开　　本：720×1000　　1/16　　印张：12　　字数：195 千字
版　　次：2023 年 10 月第 1 版
印　　次：2023 年 10 月第 1 次印刷
定　　价：99.00 元

凡所购买电子工业出版社图书有缺损问题，请向购买书店调换。若书店售缺，请与本社发行部联系，联系及邮购电话：（010）88254888，88258888。
质量投诉请发邮件至 zlts@phei.com.cn，盗版侵权举报请发邮件至 dbqq@phei.com.cn。
本书咨询联系方式：limin@phei.com.cn 或（010）88254753。

FORWORD 前言

东莞松山湖高新区因科技而生、因改革而兴、因创新而强。回望过去十年，松山湖高新区实现了从国家级高新区到粤港澳大湾区综合性国家科学中心先行启动区的历史性飞跃，完成了从园到城的华丽蜕变。站在新的起点上，松山湖高新区要牢牢抓住松山湖科学城建设契机，紧扣国家赋予的定位目标，聚焦国家战略和粤港澳大湾区高质量发展需求，走好以科技创新为核心引领高质量发展的道路，以创新驱动园区各项事业全面迈向新阶段，在高新区新一轮发展中抢抓先机、实现超越。

本书以准确把握松山湖高新区综合发展情况为主线，以国家高新区综合评价指标体系为基础，结合松山湖高新区实际，构建了适应松山湖高新区发展需要的综合比较评价指标体系。本书从自主创新能力、产业高质量发展、开放创新与区域竞争力、吸引力与可持续发展、区域辐射带动作用等维度，通过与苏州工业园区（简称苏州工业园）、厦门国家火炬高技术产业开发区（简称"厦门国家火炬高新区"）、珠海国家高新技术产业开发区（简称"珠海国家高新区"）、常州国家高新技术产业开发区（简称"常州国家高新区"）、佛山国家高新技术产业开发区（简称"佛山国家高新区"）开展综合竞争力比较分析，总结、凝练当前发展存在的问题，并提出发展对策和建议。

本书共三篇十二章。其中，发展概述篇包含第一章至第三章，第一章回顾了东莞松山湖高新区的发展历程，由刘洋、封春生执笔；第二章介绍了东莞松山湖高新区经济社会发展基础，由刘洋、黄容、徐瑞和张树锋执笔；第三章分析了东莞松山湖高新区的发展趋势与面临的形势，由黄容、徐瑞和张树锋执笔。比较分析篇包含第四章至第八章，第四章为东莞松山湖高新区自主创新能力分析，由刘洋、韦文求执笔；第五章为东莞松山湖高新区产业高质量发展分析，由罗梦思、张会勤执笔；第六章为东莞松山湖高新区开放创新与区域竞争力分析，由张寒旭、陈诚执笔；第七章为东莞松山湖高新区吸引力与可持续发展分析，由盘思桃、封春生执笔；第八章为东莞松山湖高新区区域辐射带动作用分析，由刘洋、盘思桃执笔。对策建议篇包含第九章至第十二章，主要从提升园区创新产出能力、加快培育新兴产业、营造一流创新创业生态、构建全面开放创新格局等方面提出对策建议。其中，第九章、第十二章由张寒旭执笔，第十章由罗梦思执笔，第十一章由盘思桃执笔。此外，本书由刘洋、张寒旭总体策划、审稿，由盘思桃、罗梦思统稿，由张会勤、封春生整理与修编。

本书通过研究，以期更加客观、科学、全面地反映松山湖高新区的综合发展情况，以对照标杆寻找松山湖高新区当前发展的困境，以"他山之石"谋求松山湖高新区未来发展的对策，力争为松山湖高新区"十四五"时期强优势、补短板、蓄后劲谋求破局路径，加快推动松山湖高新区向一流创新型特色园区目标迈进。

以下是本书得出的重要结论。

（一）自主创新能力方面

1. 松山湖高新区创新投入位居前列，创新产出成效有待提升

2020年松山湖高新区的科技经费投入和人员投入在6家主要国家高新区中处于中上水平，无论是政府还是企业对科技创新的重视程度都相对较高。但是松山湖高新区每万人当年发明专利授权数为79.08件，在6家主要国家高新区中列第3位；每千万元研发经费支出的发明专利申请数为1.89件，在6家主要国家高新区中处于相对靠后位置，研发投入产出的成效不高，投入的财力、人力还未能

充分转化为高价值的创新成果。

2. 松山湖高新区创新平台发展成效显著，企业高水平研发机构建设不足

松山湖高新区已建和在建的高校共 6 所，松山湖科学城抓住建设契机，在重大科技创新载体建设上成效明显，大科学装置数量遥遥领先。未来，大湾区大学（松山湖校区）和香港城市大学（东莞）的建成运行，将为松山湖高新区的创新发展提供更强动力。但是，松山湖高新区在国家级和省级企业研发机构建设方面有待加强，特别是在国家级、省级企业技术中心数量上与佛山国家高新区和厦门国家火炬高新区还有较大差距。

3. 松山湖高新区创新生态不断优化，政策供给有待完善

松山湖高新区技术市场交易十分活跃，2020 年人均技术合同成交额达到 4.42 万元，仅次于苏州工业园，远高于其他 4 家主要国家高新区。松山湖高新区在国家级孵化器和科技部国家级备案众创空间的数量上，在 6 家主要国家高新区中列第 2 位和第 1 位。松山湖高新区创新政策体系日趋完善，已围绕创新链各个环节出台诸多创新政策，覆盖面比较广泛，但是从出台政策的数量上看，松山湖高新区相较苏州工业园有一定差距，特别是在营商环境、创新人才、企业培育、金融支持等方面差距比较明显。

（二）产业高质量发展方面

1. 松山湖高新区新一代信息技术产业一家独大，尚未形成梯次发展的产业格局

2020 年，作为松山湖高新区第一主导产业的新一代信息技术产业规模以上（简称"规上"）工业总产值为 4789.22 亿元，占园区规上工业总产值的 96.14%，第二主导产业的高端装备制造产业占比仅为 1.16%。两大主导产业占比相差过于悬殊，加快培育其他主导产业迫在眉睫。

2. 松山湖高新区产业结构升级成效显著，产业竞争力有待进一步增强

2020年，松山湖高新区高技术制造业增加值占园区规上工业增加值的91.1%，高于苏州工业园（72.4%），产业技术密集度高。但是松山湖高新区高技术服务业营业收入仅占园区营业收入的0.91%，在6家主要国家高新区中排在末位。2020年，松山湖高新区工业增加值率和企业利润率分别为16.40%和3.12%，在6家主要国家高新区中排在末位，与其他高新区还存在一定差距。

3. 松山湖高新区企业培育体系相对完善，高质量企业培育成效有待提升

松山湖高新区已形成"高新技术企业（简称"高企"）—瞪羚企业—百强企业—双三企业—双五企业"梯度培育体系，并出台了相应扶持政策，但是在政策的支持力度、精准度、政策弹性方面与其他5家主要国家高新区相比有待完善。企业培育政策的有效性在一定程度上会影响企业培育成效，2020年松山湖高新区无论是高企存量还是增量均处于6家主要国家高新区的末位。此外，松山湖高新区高成长性企业数量较少，2021年，松山湖高新区上市企业数为11家，远远低于排名第1位的佛山国家高新区（90家）；松山湖高新区瞪羚企业与独角兽企业为28家，落后于排名第1位的苏州工业园（205家）。

（三）开放创新与区域竞争力方面

1. 松山湖高新区研发投入国际化优势显著，海外知识产权布局虽弱但效率较高

2021年，松山湖高新区引进技术、消化吸收再创新和境内外产学研合作经费支出总额占营业收入的比例为6.47%，在全国高新区中排名第1位。2019年，松山湖高新区委托境外开展研发活动费用支出为29.3亿元，在全国高新区中排名第2位。2017—2019年，松山湖高新区PCT专利申请量呈下降趋势，总量上远低于苏州工业园和佛山国家高新区。从国际专利产出效率来看，2019年，松山湖高新区每万人拥有欧、美、日专利数量为355件，在全国高新区中排名第2位。

2. 松山湖高新区境外投资主力军作用凸显，对外贸易集中度过高

松山湖高新区在境外投资方面位列东莞市各镇街首位，但是与苏州工业园相比还有较大差距。松山湖高新区在对外贸易方面具有一定优势，2019年，其进出口规模列全国高新区第7位，共有4家企业位列中国对外贸易500强，但是松山湖高新区出口总额主要集中在华为一家企业（占比为80.30%），导致单家企业的进出口情况对园区的外贸影响较大。

3. 松山湖高新区对世界500强投资企业吸引力不足，园区企业产品国际竞争力有待提升

松山湖高新区仅有2家世界500强投资企业，在6家主要国家高新区中排在末位。2020年，松山湖高新区营业收入中高企的出口总额占比为16%，与苏州工业园和厦门国家火炬高新区相比有一定差距。松山湖高新区具有国际竞争力的创新型企业相对较少，尤其是在园区出口方面一家独大的华为，受芯片短缺和美国单边制裁的双重因素影响，消费者业务下滑，园区企业产品国际竞争力有待增强。

4. 松山湖高新区与深圳、广州互动紧密，区域竞争力不断增强

根据2021年科技部火炬中心的高新区评价结果，松山湖高新区在粤港澳大湾区9家国家高新区中列第4位，是广深港澳科技创新走廊的重要创新平台，通过共建粤港澳大湾区综合性国家科学中心、开展人员互动和技术合作，与深圳、广州开展紧密合作。随着松山湖科学城建设的全面推进，松山湖高新区将充分发挥自身区位优势和科创引领作用，不断增强区域竞争力，成为粤港澳大湾区创新发展高地。

（四）吸引力与可持续发展方面

1. 松山湖高新区重大项目投资建设势头较好，后期发展面临土地资源约束

2022年，松山湖高新区共有110个重大项目，总投资额为1075.61亿元，

平均每个项目投资规模约为 9.78 亿元，从项目数量、项目总投资额、单个项目平均投资额等来看，松山湖高新区在 6 家主要国家高新区中均处于领先地位。据自然资源部发布的 2020 年度国家级开发区土地集约利用监测统计通报，松山湖高新区土地集约利用水平居全国第 11 位、全省第 4 位。虽然松山湖高新区土地集约利用程度相对较高，但是目前剩余可开发用地不多，且工业用地门槛高，将导致新增项目引入速度趋缓。

2. 松山湖高新区人才配套政策不断完善，对国家级人才吸引力较强

松山湖高新区目前以实施东莞市相关人才政策为主，东莞市出台的系列人才政策增强了资金扶持力度，提高了补贴覆盖面，人才配套政策相对完善。截至 2020 年年底，松山湖高新区拥有各类就业人才约 18 万名，集聚了超过 50 名院士、68 名国家级人才、3 万名高层次人才，其中每万名人才中国家级层次人才约为 3.78 名（实际计算结果），与苏州工业园相当。

3. 松山湖高新区重视城市公共服务供给，配套水平仍有待提升

松山湖高新区 2021 年一般公共预算支出为 43.33 亿元，在 6 家主要国家高新区中排名第 2 位，其中公共服务支出为 3.98 亿元，虽然支出规模与苏州工业园相比差距较大，但是公共服务支出占一般公共预算支出比重达到 9.19%，在 6 家主要国家高新区中比重最高。自跻身科创平台国家队以来，松山湖高新区围绕科技创新人才的需求，全面提升城市服务能级和城市品质，医疗、教育、人才住房、商业街区等领域多点开花。但是从长期看，松山湖高新区人口的不断增长迭代及人才素质的不断提升，对园区在教育、医疗等刚性需求方面提出了更高要求。

（五）区域辐射带动作用方面

1. 松山湖高新区对东莞市的经济辐射作用有限，单位面积经济贡献良好

2020 年，松山湖高新区的国内生产总值（GDP）占东莞市国内生产总值的比

重为6.86%，与其他主要国家高新区相比较低；但是松山湖高新区单位面积GDP为6.43亿元/平方千米，高于常州国家高新区和佛山国家高新区。2020年，松山湖高新区税收占东莞市税收的比重为6.31%，税收总量贡献率不及其他主要国家高新区；但是从单位面积税收来看，松山湖高新区以占全市3.87%的土地面积实现了1.48亿元/平方千米的单位面积税收贡献，与苏州工业园相当。

2. 松山湖高新区对东莞市产业高质量发展支撑作用显著，企业对外辐射能力有待提升

2020年，松山湖高新区规上工业增加值总量居东莞市第1位，高技术制造业增加值占园区规上工业增加值的91.1%。2021年，松山湖高新区每万人工业增加值为26.93亿元，以占全市1.85%的人口贡献了全市10.49%的工业增加值。企业在对外辐射方面，主要以生产制造环节为主，范围集中在功能区或本市及珠三角地区。

3. 松山湖高新区成为东莞市创新人才和创新活动的主要集聚地，科技创新核心引擎作用日益凸显

截至2020年年底，松山湖高新区几乎囊括了全市的高层次人才；松山湖高新区财政科技投入占全市财政科技投入比重、技术合同成交额占全市比重在6家主要国家高新区中均排名第1位；财政大力投入科技创新领域，科技成果转移转化非常活跃，松山湖高新区成为创新人才和创新活动的主要集聚地。

刘洋

2023年3月

CONTENTS 目录

发展概述篇

第一章　东莞松山湖高新区发展历程回顾 ·················· 3
　　一、初创起步期（2001—2010 年）·················· 4
　　二、加速发展期（2011—2020 年）·················· 4
　　三、全面提升期（2021—2030 年）·················· 4

第二章　东莞松山湖高新区经济社会发展基础 ·················· 7
　　一、园区综合实力大幅提升 ·················· 8
　　二、科技创新体系持续完善 ·················· 10
　　三、现代产业体系基本构建 ·················· 17
　　四、重点产业企业形成集聚 ·················· 22
　　五、体制机制进一步完善 ·················· 24
　　六、社会文化事业全面发展 ·················· 25

第三章　东莞松山湖高新区的发展趋势与面临的形势 ·················· 27
　　一、新时期高新区发展的新趋势 ·················· 28
　　二、新时期高新区发展的新要求 ·················· 29

三、松山湖高新区发展的新机遇 …………………………………… 30

四、松山湖高新区发展的新挑战 …………………………………… 32

比较分析篇

第四章　东莞松山湖高新区自主创新能力分析 ………………………… 37

　　一、创新投入 ………………………………………………………… 38

　　二、创新产出 ………………………………………………………… 39

　　三、创新平台 ………………………………………………………… 41

　　四、创新生态 ………………………………………………………… 46

　　五、小结 ……………………………………………………………… 49

第五章　东莞松山湖高新区产业高质量发展分析 ……………………… 51

　　一、产业竞争力 ……………………………………………………… 52

　　二、企业培育 ………………………………………………………… 55

　　三、小结 ……………………………………………………………… 66

第六章　东莞松山湖高新区开放创新与区域竞争力分析 ……………… 69

　　一、研发投入与成果国际化 ………………………………………… 70

　　二、国际双向投资合作 ……………………………………………… 71

　　三、企业国际竞争力 ………………………………………………… 73

　　四、区域影响力 ……………………………………………………… 78

　　五、小结 ……………………………………………………………… 79

第七章　东莞松山湖高新区吸引力与可持续发展分析 ………………… 83

　　一、发展潜力 ………………………………………………………… 84

　　二、人才吸引力 ……………………………………………………… 88

三、公共服务配套 ·· 92
　　四、小结 ·· 96

第八章　东莞松山湖高新区区域辐射带动作用分析 ·················· 99
　　一、经济辐射能力 ·· 100
　　二、产业辐射能力 ·· 102
　　三、创新辐射能力 ·· 103
　　四、小结 ·· 105

对策建议篇

第九章　发挥科学城创新引擎作用，提升园区创新产出能力 ·········· 109
　　一、加强基础研究对关键核心技术攻关的支撑 ···················· 110
　　二、促进前沿科技项目成果落地产业化 ·························· 110
　　三、提升知识产权的创造水平 ·································· 113

第十章　加快培育新兴产业，增强经济发展新动能 ·················· 119
　　一、完善"1+3+1"现代产业体系 ································ 120
　　二、壮大战略性新兴产业集群 ·································· 122
　　三、培育新产业新业态 ·· 125
　　四、探索产业空间集约开发 ···································· 130

第十一章　完善科技型企业梯度培育，营造一流创新创业生态 ········ 133
　　一、加强高成长性企业梯队培育 ································ 134
　　二、促进行业科技领军企业发展壮大 ···························· 138
　　三、强化对企业创新的人才和金融支持 ·························· 139

第十二章　构建全面开放创新格局，提升园区国际竞争力 ………………… 147
　　一、提升创新创业的国际化水平 ……………………………………… 148
　　二、扩大经济贸易的国际化程度 ……………………………………… 153
　　三、打造国际化、便利化的营商环境 ………………………………… 155

附录 A　评价指标体系及相关说明 …………………………………………… 159
　　一、指标体系 …………………………………………………………… 159
　　二、指标解释及数据来源 ……………………………………………… 161
　　三、比较对象选择说明及研究方法 …………………………………… 172

参考文献 …………………………………………………………………………… 178

发展概述篇

松山湖高新区历经初创起步、加速发展、全面提升三个阶段20余年建设发展，实现了从"工业园""高新区"到"科学城"质的飞跃，综合实力不断增强，创新资源加速集聚，现代产业体系逐步优化，成为东莞市首屈一指的科技创新高地。进入新发展阶段，松山湖高新区面临着"三区叠加"战略机遇，承担着构建"双循环"新发展格局、强化国家科技战略力量、建设粤港澳大湾区国际科技创新中心的历史重任。及时总结经验，认清形势，对于松山湖高新区抢占新一轮发展先机十分必要。

第一章

东莞松山湖高新区发展历程回顾

> 回顾20多年的发展历程，东莞松山湖高新技术产业开发区（简称"松山湖高新区"）历经初创起步、加速发展、全面提升三个阶段，在推动科技创新、产业升级、城市发展等方面取得了一系列成就，谱写了开拓进取、挺立潮头的新篇章，为推进东莞转型升级和高质量发展做出了重要贡献。当前，松山湖高新区正处于全面提升期，应紧紧抓住"三区叠加"暨参与建设粤港澳大湾区综合性国家科学中心的重大历史机遇，坚持"发展高科技，实现产业化"的初心使命，坚持"科技共山水一色、新城与产业齐飞"的价值追求，实现新时期的全面创新发展和城市升级。

一、初创起步期（2001—2010年）

2001年，东莞提前谋划发展模式转型和创新，提出开发建设松山湖科技产业园区的倡议，并经广东省人民政府批准设立；2006年，东莞整合了东部快速沿线寮步、横沥等六镇汇合处土地，开发建设东莞生态产业园区；2010年，松山湖科技产业园区经国务院批准升格为国家级高新区，实现了东莞"零的突破"。

二、加速发展期（2011—2020年）

2011年，东莞生态产业园区成为广东省首批循环经济工业园区；2012年，东莞获批建设国家生态示范工业园区；2014年，松山湖高新区与东莞生态产业园区合并，实行统筹发展；2015年，园区入围珠三角国家自主创新示范区；2017年，松山湖与石龙、寮步、大岭山、大朗、石排、茶山六镇组成"1+6"松山湖片区；2019年，在松山湖片区"1+6"基础上，增加横沥、东坑、企石三镇，实现松山湖功能区"1+9"统筹发展。2019年，松山湖高新区的国内生产总值（GDP）超过2001年东莞全市的GDP，"再造一个东莞"成为现实。2020年，松山湖科学城纳入粤港澳大湾区综合性国家科学中心战略布局，中国散裂中子源、松山湖材料实验室等重大平台建设运行，拥有4所高校、33家新型研发机构和300多家高企，各类人才突破9.9万名，初步形成一流平台、一流企业、一流机构、一流大学、一流人才"五个一流"创新要素加速集聚的良好发展态势，实现了"量的集聚"。

三、全面提升期（2021—2030年）

在新形势下，松山湖高新区将紧抓国家建设粤港澳大湾区综合性国家科学中心、广东省支持深圳建设中国特色社会主义先行示范区、东莞建设广东省制造业供给侧结构性改革创新实验区"三区叠加"和全面建设综合性国家科学中心先行启动区的战略机遇，围绕"科技创新+先进制造"，以创新驱动为引领，坚持高新定位，推动区域统筹发展，面向全球开放合作，全面深化改革，提升城市品质。在第三个十年，努力实现"质的飞跃"。松山湖高新区发展历程如图 1-1 所示。

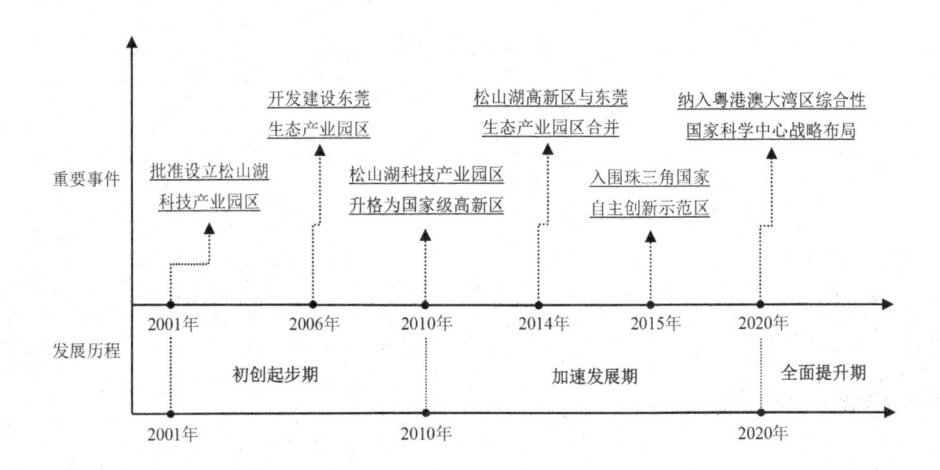

图 1-1　松山湖高新区发展历程

第二章

东莞松山湖高新区经济社会发展基础

> 松山湖高新区作为国家高新技术产业开发区，汇聚了大量的科技资源，是东莞首屈一指的科技创新高地。"十四五"时期，松山湖高新区肩负着全面建设粤港澳大湾区综合性国家科学中心先行启动区、代表国家参与全球科技竞争合作的重大使命。2021年是"十四五"开局之年，松山湖高新区积极进取，取得了阶段性进展，综合实力不断增强，创新资源要素加速集聚，现代产业体系逐步优化，体制机制进一步完善，社会文化事业全面发展。

一、园区综合实力大幅提升

根据 2021 年科技部火炬中心发布的《关于通报国家高新区综合评价结果的通知》，松山湖高新区的综合实力在全国高新区中排名第 25 位。

经济发展企稳向好。 2021 年，松山湖高新区实现 GDP 共 689.23 亿元，总量约为 2015 年 GDP 的 2.6 倍。在经济下行压力加大和新冠疫情冲击的背景下，近几年园区经济增速出现下滑，但是经济总体运行企稳向好。

对东莞市经济贡献显著。 2021 年，松山湖高新区 GDP 占东莞市 GDP 的比重超过 6%，较 2015 年的比重提升了 2.2%，助力东莞市 GDP 突破万亿元里程碑。

固定资产投资规模逐年扩大。 2021 年，松山湖高新区完成固定资产投资 261.77 亿元，总量创历史新高，同比增长 7.0%，2015—2021 年年均复合增速高达 18.4%。

税收总量在全市排名前列。 2021 年，松山湖高新区实现税收约 155.97 亿元，较 2015 年增长 92.3%，在全市镇街、园区中名列前茅。

规上工业总产值实现重要突破。 松山湖高新区规上工业总产值从 2015 年的 1570.04 亿元增长到 2021 年的 3398.36 亿元，期间曾于 2019 年突破 5000 亿元大关，年均复合增速达 13.7%，对松山湖高新区经济发展起到显著的支撑作用。随着经济的持续恢复，园区生产生活逐步回归常态运行，综合实力进一步增强。

专栏 1

重要经济指标变化分析

1. 经济发展企稳向好，对东莞市经济贡献显著

松山湖高新区 GDP 从 2015 年的 261.21 亿元增长到 2021 年的 689.23 亿元，如图 2-1 所示。从园区 GDP 占东莞市 GDP 的比重来看，该比重从 2015 年的 4.1%增长到 2021 年的 6.3%，如图 2-2 所示，可见园区对东莞市迈入"GDP 万亿元俱乐部"的贡献显著。

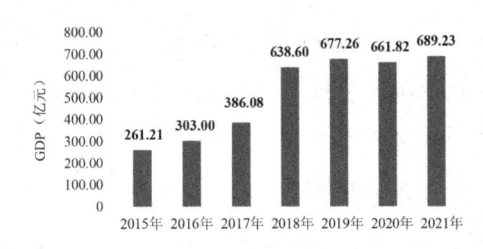

图 2-1　2015—2021 年松山湖高新区 GDP

（数据来源：2016—2021 年松山湖高新区年鉴，补充调研数据）

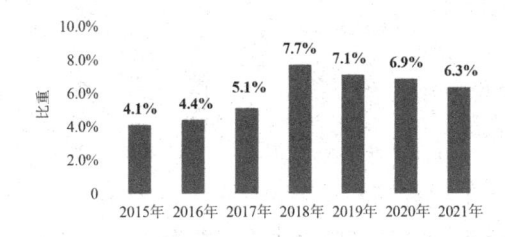

图 2-2　2015—2021 年松山湖高新区 GDP 占当年东莞市 GDP 的比重

（数据来源：2016—2021 年松山湖高新区年鉴、2018—2021 年东莞统计年鉴、补充调研数据）

2. 固定资产投资规模逐年扩大，税收总量排名前列

园区固定资产投资规模从 2015 年的 95.18 亿元增长到 2021 年的 261.77 亿元，总量再创历史新高，年均复合增速高达 18.4%。税收总量在 2015—2018 年间实现高速增长，年均复合增速达 28.8%，之后呈现上下波动态势，2021 年实现税收约 155.97 亿元，在全市镇街、园区排名中名列前茅，如图 2-3 所示。

图 2-3　2015—2021 年松山湖高新区固定资产投资额与税收总量

（数据来源：2016—2021 年松山湖高新区年鉴、补充调研数据）

3. 规上工业总产值实现重要突破

园区规上工业总产值从 2015 年的 1570.04 亿元增长到 2021 年的 3398.36 亿元，年均复合增速达 13.7%，期间曾于 2019 年突破 5000 亿元大关。受新冠疫情影响，企业生产经营活动遭受明显冲击，规上工业总产值增速曾快速下滑，如图 2-4 所示。但是作为经济增长的中坚力量，随着园区生产生活逐步回归常态运行，园区规上工业总产值有望回归高速增长。

图 2-4　2015—2021 年松山湖高新区规上工业总产值及增速

（数据来源：2016—2021 年松山湖高新区年鉴）

二、科技创新体系持续完善

松山湖高新区科技创新体系基本构建，创新生态逐步完善，园区发展新动能不断增强。

创新投入持续提升。 园区 2021 年研究与试验发展（R&D）经费达到 105.31 亿元，超过 2015 年的 3 倍。全社会 R&D 投入强度高达 15.28%，较 2015 年提升 4.38%，远超发达国家水平。

创新成果规模增长。 园区 2020 年申请专利总量达到 7696 件，较 2015 年增长 110.2%，授权专利总量达到 4817 件，较 2015 年增长 125.6%。当前松山湖高新区专利产出以发明专利为主，但是发明专利占专利总量比重呈现下滑趋势，专利成果质量有待进一步提升。

高层次人才加快集聚。 创新创业领军人才、市特色人才等高层次人才不断向园区集聚，截至 2020 年年底，园区拥有超过 50 名院士、68 名国家级人才、3 万名高层次人才，团队规模持续扩大，基本形成顶尖前沿技术研究人才、科技成果转化研发人才和应用型人才均衡发展的人才梯队。

高校和科研机构不断集聚。 截至 2022 年 8 月，园区拥有新型研发机构 30 家、国家级孵化器 15 家，高企存量 509 家。香港城市大学（东莞）、大湾区大学（松山湖校区）、东莞理工学院国际合作创新区、华为运动健康科学实验室，以及与中国科学院合作共建的东莞新能源研究院、电声产业化基地建设正在有序推进。

世界级重大科技基础设施集群逐步成型。 松山湖科学城纳入粤港澳大湾区综合性国家科学中心先行启动区。中国散裂中子源二期、先进阿秒激光纳入国家重大科技基础设施"十四五"规划。南方先进光源研究测试平台、松山湖材料实验室已经建成。

孵化链条逐步完善。 2015—2021 年，松山湖高新区国家、省、市级科技企业孵化器数量均有较大提升，在孵科技企业数量逐步增长，拥有国家级孵化器 15 家。

创新活力不断提升。 园区市场主体比较活跃，注册企业总量逐年攀升；科技金融加速融合，创新支撑力加速提升；科学创新氛围浓厚，科技活动品牌效应凸显。

专栏 2

松山湖高新区综合实力大幅提升

1. 创新投入持续提升

松山湖高新区研发投入规模逐年增加，全社会 R&D 投入强度远超发达国家水平。企业是 R&D 经费的投入主体，2015—2021 年，松山湖高新区全社会 R&D 投入持续上升，从 28.52 亿元增加到 105.31 亿元，年均复合增速达 24.32%，如图 2-5 所示。在 R&D 经费相对投入指标方面，2015—2021 年全社会 R&D 投入强度从 10.90% 提升到 15.28%，6 年间平均投入强度为 11.68%，远超发达国家水平。

图 2-5　2015—2021 年松山湖高新区全社会 R&D 投入及投入强度

（数据来源：调研数据）

2. 创新成果规模增长

园区科技创新投入不断增加，推动自主创新成果规模不断扩大。在专利总产出方面，专利总量虽有起伏，但是整体保持增长态势，申请专利总量从 2015 年的 3662 件增长到 2020 年的 7698 件，如图 2-6 所示。授权专利总量从 2015 年的 2135 件增长到 2020 年的 4817 件，创新成果规模快速增长，如图 2-7 所示。

图 2-6　2015—2020 年松山湖高新区申请专利总量情况

（数据来源：2016—2021 年松山湖高新区年鉴）

从专利产出结构来看，2016 年开始，发明专利申请量占申请专利总量比重、发明专利授权量占授权专利总量比重双双下跌，分别从 2016 年的 63.27%、

38.00%下降至2020年的43.01%、23.98%。可见当前园区专利以发明专利为主，但是发明专利占专利总量比重呈现下滑趋势，专利成果质量有待进一步提升。

图2-7　2015—2020年松山湖高新区授权专利总量情况

（数据来源：2016—2021年松山湖高新区年鉴）

3. 人才规模和结构持续优化

科技人才集聚态势明显，截至2020年年底，松山湖高新区已集聚双聘院士19名、各类国家级人才84名、省市创新创业领军人才106名、市特色人才299名、省"珠江人才计划"创新创业团队27个、市创新科研团队28个，常年超过50名院士专家和400多名国内外知名科学家开展科学研究，基本形成顶尖前沿技术研究人才、科技成果转化研发人才和应用型人才均衡发展的人才梯队。

在高水平人才队伍方面，园区加大招才引智力度，持续推动创新创业领军人才、市特色人才及博士、硕士等高层次人才向园区集聚。截至2020年年底，园区有市创新创业领军人才95名，占全市的87.1%，较2015年增加58名；有市特色人才299名，占全市的67.34%，较2015年增加177名，如图2-8所示。从学历来看，园区本科以上学历人才占总就业人口约43.5%，其中本科人才5.5万名、硕士人才2.3万名（华为系企业人才约1.2万名）、博士人才超过2000名。各层次人才规模均呈现上升趋势，松山湖高新区人才结构不断优化。

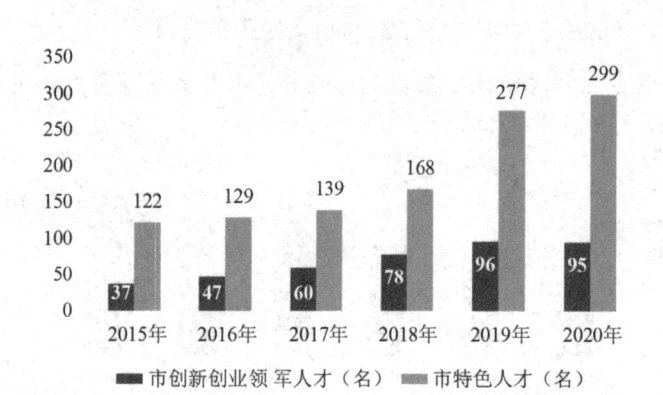

图 2-8　2015—2020 年松山湖高新区市创新创业领军人才和市特色人才数量

（数据来源：2016—2021 年松山湖高新区年鉴）

4. 创新资源不断集聚

松山湖高新区高校和科研机构不断集聚，拥有全国唯一、全球第四座脉冲型散裂中子源，建成了首批 4 家省实验室之一的松山湖材料实验室，与北大、清华、复旦、华科及中国科学院研究所等共建了 30 家新型研发机构。同时，东莞理工学院国际合作创新区、华为运动健康科学实验室，以及与中国科学院合作共建的东莞新能源研究院、电声产业化基地建设正在有序推进，创新资源集聚趋势明显。高水平大学建设雏形初现，现有东莞理工学院、广东医科大学、广东科技学院、东莞职业技术学院 4 所大学，香港城市大学（东莞）和大湾区大学（松山湖校区）正在建设，建成后松山湖高新区将共有 6 所大学。

工程技术中心、重点实验室等创新平台数量不断增加，但是高层次的国家级平台比较缺乏。2015—2020 年，园区新增平台主要以省级及市级工程技术中心、市级重点实验室为主，增幅明显，其中 2020 年省级及市级工程技术中心、市级重点实验室分别达到 87 家、46 家、62 家，分别为 2015 年的 3.78 倍、5.75 倍、2.95 倍。但是国家级平台偏少，截至 2020 年年底，国家级工程技术中心、国家重点实验室分别仅有 1 家，如图 2-9、图 2-10 所示。

图 2-9　2015—2020 年松山湖高新区工程技术中心数量

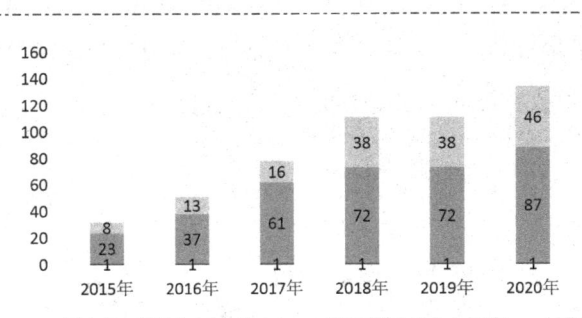

（数据来源：2016 年—2021 年松山湖高新区年鉴）

图 2-10　2015—2020 年松山湖高新区重点实验室数量

（数据来源：2016—2021 年松山湖高新区年鉴）

5. 孵化链条逐步完善

松山湖高新区科技企业孵化器数量不断提升，在孵科技企业数量逐步增长。孵化器是培育科技企业的重要平台，2015—2020 年，松山湖高新区国家级、省级、市级孵化器数量均有较大提升，截至 2020 年年底，园区拥有纳入备案统计的孵化器共 68 家，包括国家级孵化器 14 家、省级孵化器 19 家、市级孵化器 35 家，较 2015 年增加了 46 家，如图 2-11 所示。

6. 创新活力不断提升

松山湖高新区市场主体比较活跃，注册企业总量逐年攀升。企业是地方经济发展不可或缺的重要力量，2015—2021 年，松山湖高新区注册企业总量实现大幅提升，从3087家增长到12120家，年均复合增速达25.6%，连续三年突破10000家，推动园区技术创新步伐不断加快，如图2-12所示。

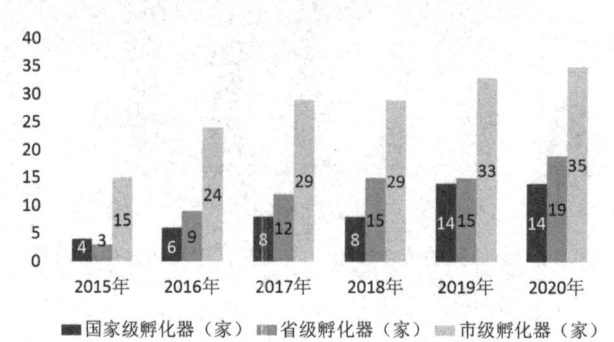

图2-11 2015—2020年松山湖高新区孵化器数量

（数据来源：2016—2021年松山湖高新区年鉴）

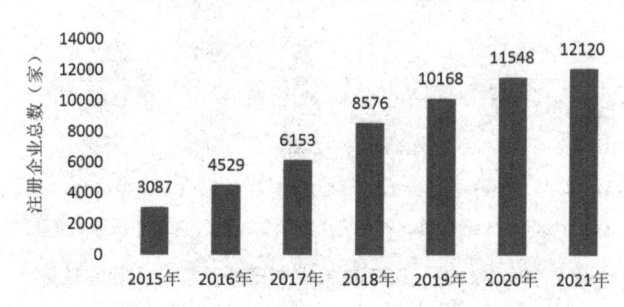

图2-12 2015—2021年松山湖高新区注册企业总数

（数据来源：2017—2021年松山湖高新区年鉴、补充调研数据）

  松山湖高新区科技金融加速融合，创新支撑力加速提升。截至2020年年底，松山湖高新区进驻金融机构170余家、科技金融工作站16个，成为东莞市科技金融工作站最集中的区域。园区拥有上市企业4家，居东莞市第2位；上市后备企业32家，居东莞市首位。园区银行各项存款余额417.89亿元，比2019年增长31.38%；各项贷款余额286.46亿元，比2019年增长43.38%。

  松山湖高新区科学创新氛围浓厚，科技活动品牌效应凸显。"粤港澳大湾区科技创新论坛"永久落户，连续四年举办粤港澳院士峰会、华为开发者大会，成功举办松山湖科学会议、复合材料科技峰会等有全国影响力的科技活动。

三、现代产业体系基本构建

松山湖高新区围绕新一代信息技术、生物、新材料、新能源、机器人与智能装备制造及现代服务等产业方向，构建了多元发展、多级支撑的现代产业体系。

新一代信息技术产业已经成为千亿规模的支柱产业，通信设备和智能终端等领域更是位居国内领先地位、达到世界先进水平，形成了以信息通信技术产业为核心，从设备生产、硬件制造、系统集成、软件开发到应用服务的全链条产业链。

机器人与智能装备制造产业主要表现为以电子信息产业应用为主的装备制造企业，涉及智能制造装备、服务业机器人、机器人本体制造，以及研发设计和系统集成等领域，形成了以机器人系统集成商、核心零部件企业和智能装备企业为主体的机器人产业集群。

生物产业主要集中于生物医药产业、生物医学工程、医疗器械产业，聚集了东莞市80%的生物产业企业，产业生态日趋成熟，形成了创新药及高端仿制药、医疗器械、体外诊断、干细胞与再生医学等多个产业链的聚集和共同发展。

新材料产业依托中国散裂中子源、松山湖材料实验室的资源优势，和松山湖高新区新一代信息技术、生物医药及新能源等产业发展带来的技术需求，广泛应用于电子信息、国防军工、生物医药、建筑建材、化学化工、新能源等各个领域，具备基础条件雄厚、应用场景广泛、应用市场巨大等特点。

现代服务产业主要发展软件和信息服务业、文化创意、科技服务、产品研发、检测检验服务、工业设计等领域，不断支撑先进制造业发展。

> 专栏 3

松山湖高新区现代产业体系分析

1. 新一代信息技术产业

松山湖高新区已形成以信息通信技术产业为核心，从基础设备、通信网络、研发、平台、生产、运营管理到应用服务比较完整的产业链条。智能终端产业基础扎实，涵盖显示模组、手机背板、结构件、电池、电路板元器件、整机制造、智能可穿戴设备等领域，产业集聚效应日益凸显。5G 产业凭借良好的电子信息制造业基础，呈现出良好的发展态势，在基站系统、网络架构、终端设备和应用产业等方面均有布局，已形成比较完整的产业链规模，在网络设备、光纤、光通信器件、光模块、PCB、天线及终端领域均有实力较强的龙头企业。集成电路产业近年来呈现快速发展态势，企业主要集中在设计和材料/设备环节，包括研发设计环节、封装测试环节、材料及设备环节。信息技术服务、软件开发和互联网信息服务产业聚集一批拥有较强实力的开发企业，主要集中于新兴软件开发、新型信息技术服务，初步形成一定规模的信息服务业产业集聚。松山湖高新区手机产业链和通信产业链分别如图 2-13 和图 2-14 所示。

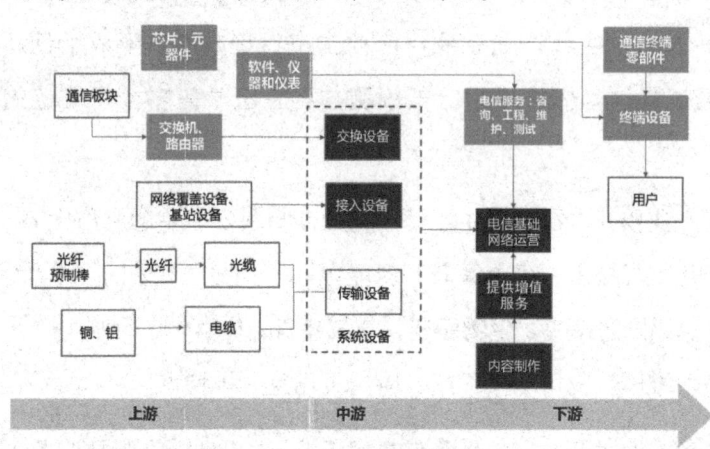

注：浅色表示松山湖高新区已经集聚的产业链环节，深色表示片区未来可考虑重点发展的产业链环节。下同。

图 2-13 松山湖高新区手机产业链

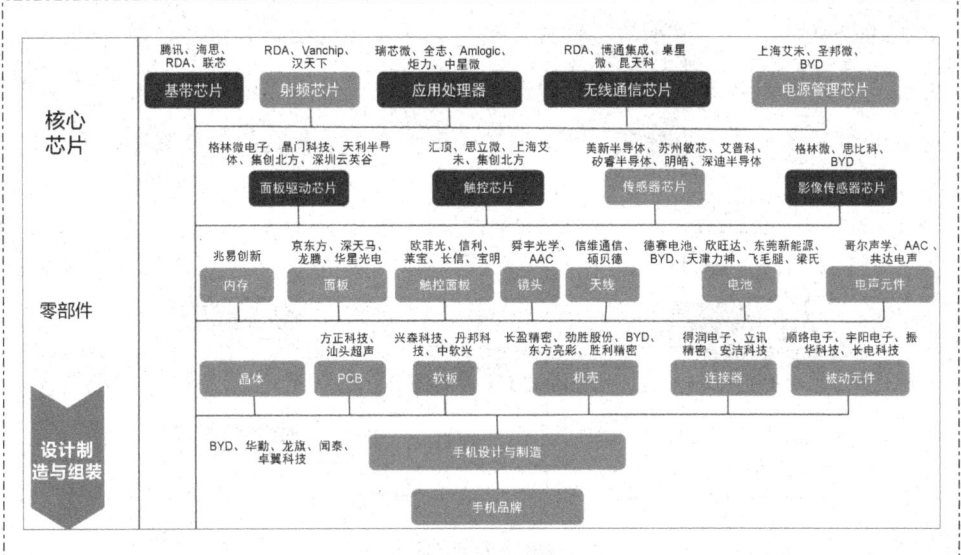

```
核心芯片
    基带芯片 [腾讯、海思、RDA、联芯]
    射频芯片 [RDA、Vanchip、汉天下]
    应用处理器 [瑞芯微、全志、Amlogic、炬力、中星微]
    无线通信芯片 [RDA、博通集成、桌星微、昆天科]
    电源管理芯片 [上海艾未、圣邦微、BYD]
    面板驱动芯片 [格林微电子、晶门科技、天利半导体、集创北方、深圳云芙谷]
    触控芯片 [汇顶、思立微、上海艾未、集创北方]
    传感器芯片 [美新半导体、苏州敏芯、艾普科半导体、明皓、深迪半导体]
    影像传感器芯片 [格林微、思比科、BYD]

零部件
    内存 [兆易创新]
    面板 [京东方、深天马、龙腾、华星光电]
    触控面板 [欧菲光、信利、莱宝、长信、宝明]
    镜头 [舜宇光学、AAC]
    天线 [信维通信、硕贝德]
    电池 [德赛电池、欣旺达、东莞新能源、BYD、天津力神、飞毛腿、梁氏]
    电声元件 [哥尔声学、AAC、共达电声]
    晶体 [方正科技、汕头超声]
    PCB [兴森科技、丹邦科技、中软兴]
    软板 [长盈精密、劲胜精密、BYD、东方亮彩、胜利精密]
    机壳
    连接器 [得润电子、立讯精密、安洁科技]
    被动元件 [顺络电子、宇阳电子、振华科技、长电科技]

设计制造与组装
    手机设计与制造 [BYD、华勤、龙旗、闻泰、卓翼科技]
    手机品牌
```

图 2-14 松山湖高新区通信产业链

2. 生物产业

生物产业主要集中于生物医药产业、生物医学工程、医疗器械产业。从生物产业链分布情况来看，上游从事原辅材料供应，中游从事医疗器械设备、生物医药、保健食品的生产及生物技术研发等环节，下游从事生物医药及医疗器械设备的流通与销售，以及生物产业相关服务。园区在上中下游中均有重点企业布局，特别是在生物产业链中游，已经涌现出不少龙头企业，产业生态日趋成熟。作为产业配套，园区还建成了一批生物产业公共平台，一方面通过与国内生物技术学科优势明显的高校合作，建成多个产学研平台，形成具有一定科研能力的生物技术产业支援链；另一方面重点推动七大公共服务平台建设，促进区域内相关企业资源共享和创新创业成本降低。松山湖高新区生物技术与医疗器械产业链如图 2-15 所示。

3. 机器人与智能装备制造产业

整体来看，松山湖高新区已经初步形成以机器人系统集成商、核心零部件企业和智能装备企业为主体的机器人产业集群，拥有松山湖国际机器人研究院和广东省智能机器人研究院两大科研平台，并凭借完善的产业链条及相关研发和产学研合作机制，产生了一批行业领先科技成果，比如云鲸智能研发的清洁机器人在技术创新性、产品竞争力等方面领先同行，国志激光开发的大功率激光器的技术水平在国内领先。松山湖高新区机器人与智能装备产业链如图2-16所示。

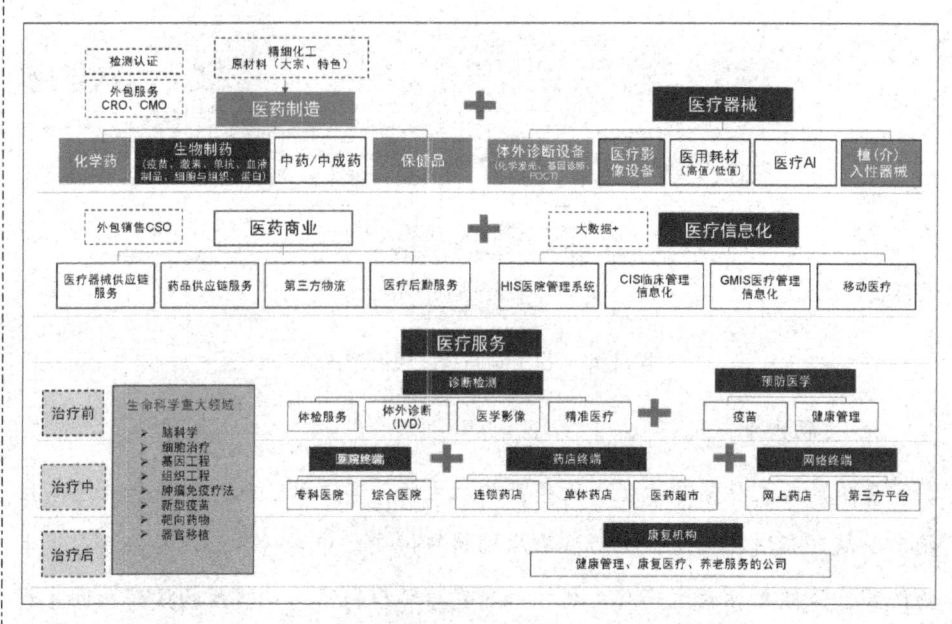

图2-15 松山湖高新区生物技术与医疗器械产业链

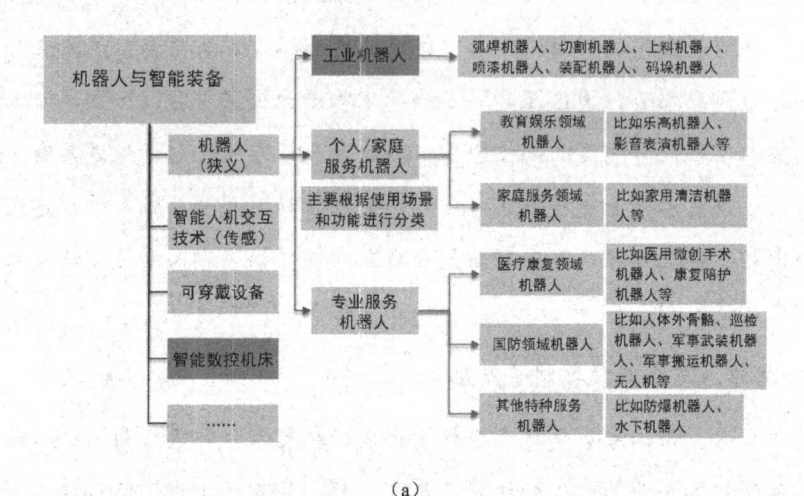

(a)

图2-16 松山湖高新区机器人与智能装备产业链

(b)

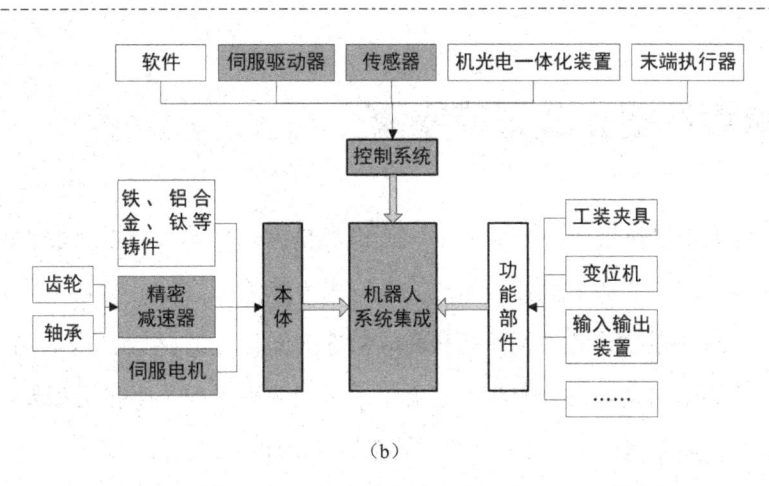

图 2-16 松山湖高新区机器人与智能装备产业链（续）

4. 新材料产业

该产业发展基础雄厚，以中国散裂中子源大科学装置为引领，与南方先进光源项目形成分工互补，在东莞构建起世界级科研创新平台集群，推动东莞新材料相关产业的基础研究能力从完全空白提升至珠三角领先水平。虽然当前新材料产业总产值规模相对较小，尚未形成产业链集聚发展的规模优势，但是依托中国散裂中子源、松山湖材料实验室的资源优势，新材料产业创新硬实力不断提升，科研成果产业化不断加快。

5. 现代服务产业

该产业主要发展软件和信息服务业、文化创意、科技服务、产品研发、检测检验服务、工业设计等领域，特别是软件和信息服务业与文化创意领域的产业集聚效应比较明显。在软件和信息服务业，园区集聚了软件和信息服务业领域企业超过 1000 家，集聚了行业人才超过 2.7 万名；在文化创意领域，拥有漫步者科技、艾力达动漫、酷乐互娱科技等一批代表企业，拥有华南工业设计院、华南设计创新院等文化创意服务平台，布局生态文化创意谷等一批专业园区。

四、重点产业企业形成集聚

松山湖高新区围绕重点发展的新一代信息技术、机器人与智能装备制造、生物、新材料、现代服务等产业，引进了具有世界影响力的平台型企业，引进、培育了一批在细分领域具备领先优势和高成长性的创新型企业，建立了涵盖主力军、生力军、后备军的企业培育梯队，形成了千亿元、百亿元、十亿元和超亿元金字塔式的企业发展态势。截至2021年，园区共有企业12120家，其中，"四上企业"449家，国内A股上市企业5家，市上市后备企业41家；营业收入超亿元的企业160家，其中，千亿元企业1家，百亿元企业6家，十亿元企业23家，拥有华为终端、生益科技、华贝电子、新能源科技、歌尔股份、蓝思科技、华勤通讯等一批重量级龙头企业，已成为全市先进制造业的集聚区。

> **专栏 4**
>
> **创新企业主体分析**
>
> **1. 重点产业领域龙头企业集聚**
>
> （1）新一代信息技术产业。2021年，松山湖高新区规上新一代信息技术工业企业85家，占规上企业总数的40.7%，已形成由华为终端、华贝电子、生益科技、记忆科技、新能源科技、普联科技、高伟电子、铭普光磁、佳禾智能等国内上市企业、知名外资企业、行业"隐形冠军"构成的电子信息企业生态圈。引进中晶半导体等第三代半导体项目，强化及补全电子信息产业链条。华为团泊洼智能制造基地项目加快建设，华勤通讯、歌尔股份、蓝思科技等行业龙头企业完成扩产，启动建设5G示范区。
>
> （2）机器人与智能装备制造产业。2021年，松山湖高新区拥有规上机器人与智能装备制造产业工业企业46家，拥有云鲸智能、优利德科技、李群自动

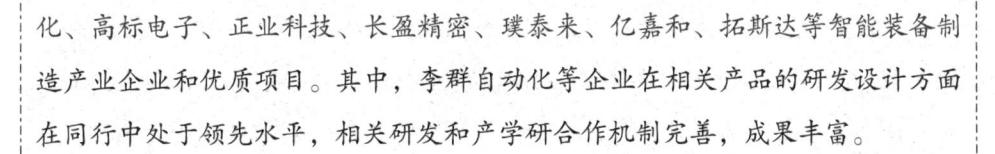

化、高标电子、正业科技、长盈精密、璞泰来、亿嘉和、拓斯达等智能装备制造产业企业和优质项目。其中，李群自动化等企业在相关产品的研发设计方面在同行中处于领先水平，相关研发和产学研合作机制完善，成果丰富。

（3）生物产业。2021年，松山湖高新区规上生物工业企业20家，聚集了菲鹏生物、东阳光药业、三生医药、万孚生物、开立医疗、安科医疗等生物产业企业400余家，生物项目覆盖生物制药、医疗器械等不同领域。同时，还建设了一批生物产业的公共平台配套，促进了区域内企业资源共享和创新创业成本降低。

（4）新材料产业。2021年，松山湖高新区规上新材料产业企业14家，拥有杰斯比、海丽化学、宏锦新材料、方大新材料、润盛科技、住矿电子浆料等一批重点企业。同时，松山湖材料实验室已引进25个高水平团队，分三批次打造创新样板工厂项目，包括新材料超快激光极端精细加工技术研发及产业化、第三代半导体材料和器件、仿生控冰冷冻保存材料等一批前沿"硬科技"产业化项目。

（5）现代服务产业。2021年，松山湖高新区规上现代服务产业企业116家，软件和信息服务业领域集聚企业超过1000家，其中规上软件和信息服务业企业34家，集聚行业人才超过2.7万名；拥有华南地区主要的化工供应链服务企业宏川集团，集聚了华勤通讯、易宝软件、中软国际、软通动力、金蝶云科技等一批重点企业。

2. 高企、规上工业企业数量持续增长

作为松山湖高新区经济发展的骨干力量，高企和规上企业数量逐年增长，企业主体不断壮大，但是发展规模仍有扩张空间。

从高企主体看，高企从2015年的104家增长到2021年的509家，总量创历史新高，年均复合增速高达30.3%。2021年，园区内高企占注册企业总数的比重为4.2%，较2015年提升了0.8%，但是整体波动较大，高企规模仍有扩张空间，如图2-17所示。

从规上工业企业主体看，规上工业企业数量逐年上升，从2015年的68家增长到2021年的202家，年均复合增速达19.9%。2021年，园区内规上工业企业占注册企业总数的比重为1.7%，较2015年下降了0.5%，整体比重偏低，发展规模有待进一步提高，如图2-18所示。

图 2-17　2015—2021年松山湖高新区高企数量及其占比

（数据来源：2016—2021年松山湖高新区年鉴、补充调研数据）

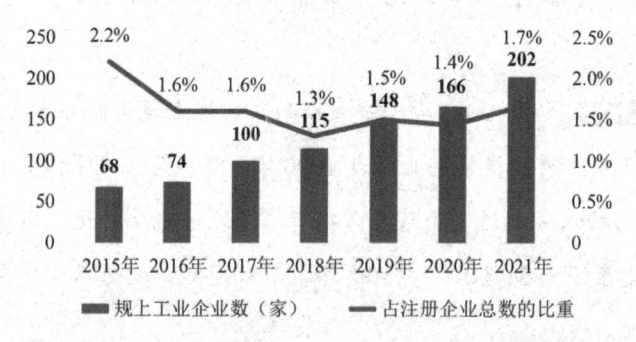

图 2-18　2015—2021年松山湖高新区规上企业数量及其占比

（数据来源：2016—2021年松山湖高新区年鉴、补充调研数据）

五、体制机制进一步完善

松山湖功能区统筹"四梁八柱"政策体系基本形成，发展规划、区域开发、招商引资、重大项目建设、政务服务效能提升"五大领域"统筹有力推进，科技产业、公共交通、政务服务一体化步伐加快，2019年，顺利承接市级下放事权165

项，行政审批效率平均提速12%。积极构建"园区聚焦基础研发、九镇承接落地转化"的产业分工格局，园区辐射带动能力持续增强。"1+N"科技计划体系政策出台，进一步释放创新动能。"放管服"改革向纵深推进，政务服务"一网式"建设持续深化；全面启动企业注册"一窗通"；探索实施跨省通办、深莞通办、全市通办。

六、社会文化事业全面发展

2015—2021年，园区综合开发规划、公共交通规划全面铺开。交通基础设施方面，已经形成包含国家铁路、城际轨道、城市轨道、高速公路、城市快干线路网、客货运站等交通设施的综合运输系统。医疗配套方面，建有三甲医院1所、其他医疗机构36所，已形成"一中心六站点"共7个社区卫生服务网络布局。教育配套方面，建有幼儿园17所、中小学15所；东莞中学松山湖学校完成改扩建，扩增学位3600个；4所公办幼儿园的建设稳步推进。文体设施与活动方面，松山湖图书馆完成升级改造，望野博物馆投入试运营；成功举办50千米徒步、四大湾区科技精英网球交流赛等体育活动。园区文化日趋繁荣，创作了《松湖风华》《松湖精英》《见证·松山湖》《创业故事》等一批文艺精品。生态环境方面，功能区内30个"美丽乡村"建设完成，城市环境进一步优化，垃圾分类覆盖率达100%，生态文明建设取得突出进展。

第三章

东莞松山湖高新区的发展趋势与面临的形势

当前,世界百年未有之大变局加速演进,新一轮科技革命和产业变革深入发展,发展的不稳定性、不确定性日益增加。东莞正迈入"万亿元GDP+千万人口"的"双万"新起点,作为引领东莞高质量发展的核心引擎,松山湖高新区既迎来重要的战略机遇,也面临着前所未有的挑战,要准确识变、科学应变、主动求变,善于危中寻机、努力化危为机,掌握新一轮全球科技竞争的战略主动,实现经济全面协调发展。

一、新时期高新区发展的新趋势

新时期，高新区已逐步由产业主导演变为科、产、城融合，紧扣创新引领，支撑城市创新资源集聚和转型升级发展的空间需求，并在有力支撑国民经济平稳健康发展、促进新旧动能接续转换的同时，呈现以下几个新趋势。

1. 高新区由技术研发不断向基础研究前移

全球科技竞争不断向基础研究前移，世界主要发达国家普遍强化基础研究战略部署。国内知名高新区也纷纷开始谋划重大科学基础设施布局，探索建立科学中心，瞄准基础科学和前沿技术领域，增强对未来、未知、前沿领域科学的探索。高新区作为区域科技创新的高地，在产业转型升级和新一轮高质量发展要求下，亟须通过加强基础研究，提升原始创新能力，为高新区高质量发展提供充足动力。

2. 高新区由以"硬投入"为主向更加注重打造"软环境"转变

"软环境"的打造意味着要制定针对性政策，需要不断改进商贸、医疗、交通、教育等城市配套功能，逐步建立起政府、企业、社会的多元化、高效率投入体系，吸引世界一流的人才、技术、资本、研发机构等创新要素在高新区内聚集。这要求高新区具备精简、高效、服务的体制和机制，认真解决民营科技企业发展的相关问题，落实并保护创业者权益，支持企业建立新的激励和约束机制，大力推动企业技术创新，鼓励科技人员、企业家创新创业。

3. 高新区由以土地出让、优惠政策为主向更加注重改革和营造创新创业生态转变

高新区创新创业服务体系的建设是将孵化服务机构、创业资本市场和信息网络构成一个完整的体系，实现官、产、学、研、资、介、贸的有机结合，新技术、新产业、新模式、新业态将在高新区内不断涌现。这要求高新区通过不断塑造新

的发展优势，营造良好的创新创业优势，更加有效地推进科技产业化进程，促进科技型中小企业迅速成长。

4. 高新区由自我发展向整合利用全球创新资源转变

为了不断提升国际竞争力，高新区将由自我发展向更加注重整合利用全球创新资源转变。高新区通过在海外设立研发机构、跨国并购、建立国际研发战略联盟、海外孵化器、创新中心、海外产业园等方式，在全球范围内获取和整合创新资源，促进国际竞争力、影响力不断提升。

5. 高新区由单纯发展产业向更加注重科技、经济和社会全面协调可持续发展转变

未来，高新区将建设成为高新技术产业化的基地、高新技术产品出口的基地、高企孵化的基地、高企企业家迅速成长的基地、技术创新的示范区、改革开放的先行区和带动"两个文明"建设的新社区。使以人为核心的科、产、城等功能充分融合，以科技创新为引领，推动科技产业化、产业高新化，以产业功能的提升推动城市空间耦合，使高新区的特色更加鲜明。

二、新时期高新区发展的新要求

高新区是我国自主创新和高新技术产业发展的重要载体，《国务院关于促进国家高新技术产业开发区高质量发展的若干意见》的出台对高新区新时期新形势下的发展提出了新要求。争当创新驱动发展示范区和高质量发展先行区，引领我国新时代高质量发展，是今后一个时期高新区发展的核心任务。

1. 高新区要在新时代高质量发展中做好率先垂范和示范引领

党的二十大开启高质量发展新时代，我国经济已由高速增长阶段转向高质量发展阶段。国家高新区作为区域创新驱动高质量发展的战略性平台，面对新形势、新要求，必须在自主创新尤其是原始创新、培育发展具有国际竞争力的企业和产

业、体制机制改革、开放创新、绿色发展等方面发挥示范引领作用，率先实现高质量发展。

2. 高新区要坚持以"提升双创能级，大力发展新经济新赛道和增强主导产业核心竞争力"为发展主线

高新区创新创业将持续向更大范围、更高层次和更深程度推进，将实现创新创业与经济社会发展的深度融合。高新区将加强战略前沿领域部署，推进新技术应用示范，构建多元化应用场景，发展新经济、新技术、新产品、新业态、新模式。高新区将立足资源禀赋和基础条件，发挥比较优势，聚焦特色主导产业，做大做强，形成集聚效应和品牌优势，增强主导产业核心竞争力。

3. 高新区要树立"创新驱动发展示范区和高质量发展先行区"的新定位

"创新驱动发展示范区"就是要率先走创新驱动发展之路，探索科技创新、产业创新、模式创新和体制机制创新相互促进的全面创新示范道路。"高质量发展先行区"就是要率先垂范高质量发展模式，全面落实新发展理念，加快构建高质量现代化经济体系和良好的创新创业生态，率先融入全球经济体系，引领开放新格局。

4. 高新区要建立适合创新驱动高质量发展的新范式

高新区发展导向从"四位一体"到五大发展理念转变，发展动力从跟随创新向自主创新转变，园区的形态从产、城融合科技园区向以产业社区为代表的智能社会转变，发展使命从注重自我发展到更加强调未来共享、共同发展转变。

三、松山湖高新区发展的新机遇

当前，中华民族伟大复兴的战略全局和世界百年未有之大变局形成历史性交汇，两者相互作用、相互激荡，孕育着诸多大机遇。面对新形势，松山湖高新区要善于在危机中育先机、于变局中开新局，抓住机遇，放大优势，补齐短板，引领全市经济社会高质量发展。

1. 全球科技和产业革命不断推进

当今世界正处于百年未有之大变局，国际格局朝着多极化的趋势发展，世界经济重心正在加快"自西向东"位移。随着全球治理体系的变革，新一轮科技革命和产业革命加速演进，以互联网、大数据、云计算、人工智能等为代表的新一代信息技术加速向各领域渗透，数字经济、共享经济正在成为带动新兴产业发展壮大、推动传统产业转型升级、实现包容性增长和可持续发展的重要驱动力。全球科技产业革命为松山湖高新区深入实施创新驱动发展战略提供了重要窗口期，松山湖高新区迫切需要重点发展新一代信息技术、新材料技术等优势领域，加紧部署面向未来科技、产业发展需要的战略科技力量，为东莞市实现新旧动能转换提供必要的科技和创新要素支撑，助力广东在变革浪潮中抢占科技制高点和产业价值链高位。

2. "三区叠加"迎来重大历史机遇

当前，国家建设粤港澳大湾区综合性国家科学中心、广东省支持深圳建设中国特色社会主义先行示范区、东莞市建设广东省制造业供给侧结构性改革创新实验区"三区叠加"重大战略部署正在加紧实施，松山湖高新区迎来新一轮发展的战略机遇期。面对前所未有的政策红利，松山湖高新区要积极服务、主动融入全国全省全市发展大局，进一步优化提升发展思路，加快推动与广州市、深圳市两地深度融合，持续推进全面深化改革，加快推动"1+9"区域统筹协调，不断提升治理能力现代化水平；依托松山湖科学城探索与深圳共建深莞深度融合发展示范区，积极承接深圳科技成果转化和产业溢出，率先打造高质量发展之城。

3. 大湾区综合性国家科学中心先行启动区建设全面推进

当前，粤港澳大湾区建设正在持续推进，国家明确以光明科学城—松山湖科学城为主体打造大湾区综合性国家科学中心先行启动区，全面支撑粤港澳大湾区国际科技创新中心建设。要以推动松山湖科学城建设为牵引，加强与深圳光明科学城联动发展，深度参与广深港澳科技创新走廊建设，重点布局一批国家级大科学装置，催生一批有重大影响的源头创新成果，推动科技成果转移转化，促进产业转型升级，全面提升松山湖高新区创新能级，为松山湖高新区实现新一轮的经济腾飞提供有利条件和广阔空间。

四、松山湖高新区发展的新挑战

当前，国际环境日趋复杂，不稳定性、不确定性明显增加，新冠疫情影响广泛而又深远，经济全球化遭遇逆流，世界进入动荡变革期。要实现松山湖高新区高质量发展，需要全方位认识并应对以下挑战。

1. 后疫情时代逆全球化思潮加剧

受全球新冠疫情影响，世界经济遭遇衰退，全球贸易遭遇"寒流"，逆全球化、贸易保护主义、政治保守主义等浪潮泛起，使得我国产业链供应链循环受阻，利用外部资源难度加大。在此背景下，松山湖高新区企业深度融入全球产业链、提升国际化合作水平面临新的挑战。与此同时，随着《区域全面经济伙伴关系协定》（RCEP）正式签署，为应对当前国际经济与贸易形势变化，我国提出构建以国内循环为主、国际国内互促的双循环格局。在此格局之下，松山湖高新区应积极应对新发展格局带来的挑战，加快引导外贸型企业转型发展，利用国内市场哺育园区高科技企业的成长，形成一条正向的科技发展内循环道路，力争在新形势下实现新一轮发展。

2. 园区创新驱动力和产业竞争力有待加强

科技创新是松山湖高新区作为国家高新区的安身立命之本，但是与园区较强的经济实力不同，园区的创新能力、产业水平与大湾区内一流高新区和先进城市相比还有不小的差距。主要体现在：基础研究能力比较薄弱，尚未形成完整的科技创新体系；科技成果转化能力不足，以新技术催生新支柱产业的能力有待提升，高企数量仅占全市约5%，科技创新生态尚未形成；产业层次和盈利水平不高，园区工业增加值率低于全市水平；产业结构有待优化，生物技术、智能装备制造等战略性新兴产业规模相对较小等，这些均制约了松山湖高新区的高质量发展。

3. 城市功能品质难以满足园区发展高要求

随着城市和产业发展对国家高新区功能与定位的要求的不断升级，松山湖高新区长期以工业区为主导的发展模式已经无法承载区域格局变动和新经济发展带来的新要求，主要体现在空间布局以生产要素和经济要素为主，产业空间与城市空间相分割，公共服务设施的数量少且布局分散不成体系，高效快捷的对外交通体系尚未成型，城市功能配套与高端人才需求不匹配等。松山湖高新区在激发城市创新活力、形成产业集聚、吸引高端人才等方面面临新的挑战。

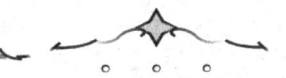

比较分析篇

本篇从自主创新能力、产业高质量发展、开放创新与区域竞争力、吸引力与可持续发展、区域辐射带动作用5个维度构建松山湖高新区发展比较评价指标体系,与苏州工业园、厦门国家火炬高新区、珠海国家高新区、常州国家高新区、佛山国家高新区等开展比较研究,找出松山湖高新区当前发展存在的问题和差距。

第四章

东莞松山湖高新区自主创新能力分析

> 自主创新能力指拥有自主创新的能力,能比较客观地反映区域创新能力的强弱,包括创新投入、创新产出、创新平台、创新生态4个二级指标和15个三级指标(详见附录A中的表A-1)。从投入产出来看,松山湖高新区创新投入靠前,创新产出成效有待提升。在创新平台方面,松山湖高新区平台建设具有一定优势和潜力,但是企业高水平研发机构建设仍需加强。在创新生态方面,松山湖高新区总体良好,但是在重点政策方面还需加强谋划。

一、创新投入

1. 科技经费投入方面

2020年,松山湖高新区研发经费内部支出占营业收入比例为2.97%,如图4-1所示,在6家主要国家高新区中排名第3位,低于苏州工业园(4.38%)和珠海国家高新区(3.74%);松山湖高新区财政科技支出占财政支出比例为20.12%,如图4-2所示,在6家主要国家高新区中排名第3位,低于佛山国家高新区(96.46%)和珠海国家高新区(30.48%)。

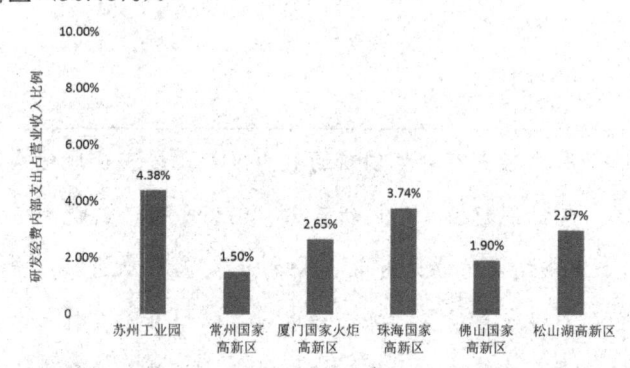

图 4-1 2020 年高新区研发经费内部支出占营业收入比例

(数据来源:《中国火炬统计年鉴 2021》)

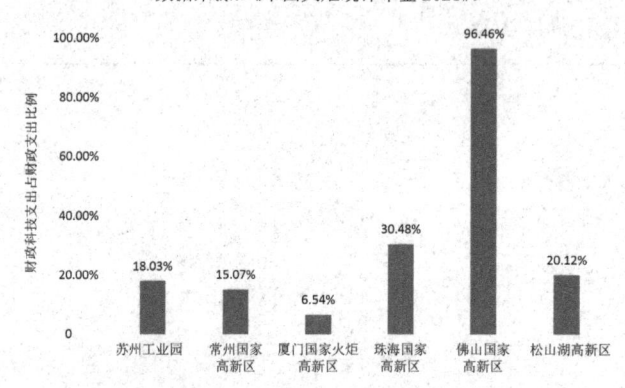

图 4-2 2020 年高新区财政科技支出占财政支出比例

(数据来源:2020 年国家高新区财政预算和决算公开)

2. 科技人员投入方面

2020年，松山湖高新区从业人员中研发人员全时当量数占比达到13.79%，如图4-3所示，仅次于苏州工业园（23.87%）；松山湖高新区从业人员中大学文化程度人口占比达到47.33%，在6家主要国家高新区中排名第4位，如图4-4所示。

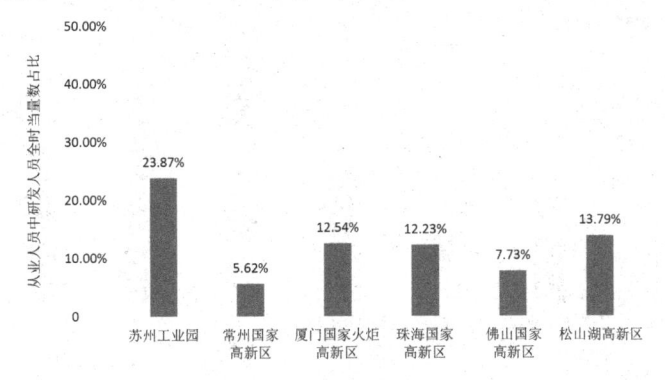

图4-3　2020年高新区从业人员中研发人员全时当量数占比

（数据来源：《中国火炬统计年鉴2021》）

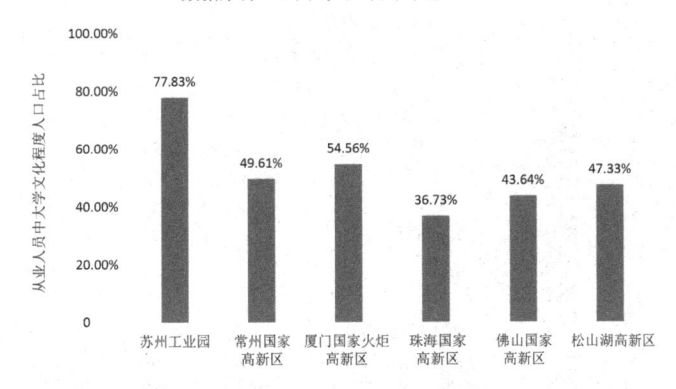

图4-4　2020年高新区从业人员中大学文化程度人口占比

（数据来源：《中国火炬统计年鉴2021》）

二、创新产出

1. 发明专利方面

2020年，松山湖高新区每万人当年发明专利授权数为79.08件，如图4-5所示,低于珠海国家高新区(141.82 件)和佛山国家高新区(106.9 件);松山湖高新区每千万元研发经费支出的发明专利申请数为 1.89 件,如图 4-6 所示,与其他主要国家高新区尤其是苏州工业园相比差距较大。

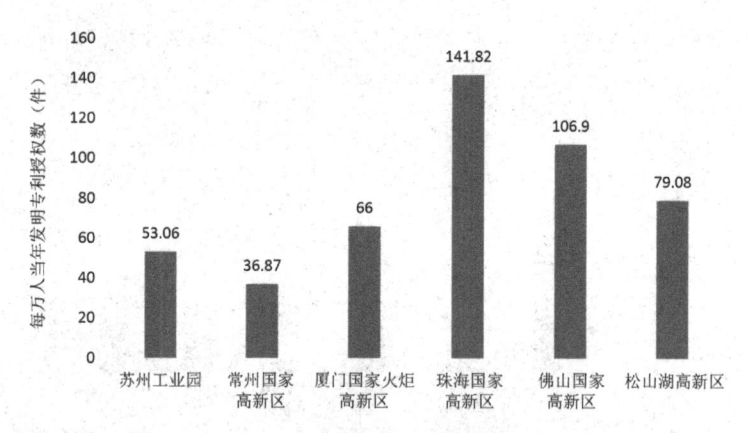

图 4-5　2020 年高新区每万人当年发明专利授权数

(数据来源:高新区专利统计公报,其中,珠海国家高新区为"一区多园"数据)

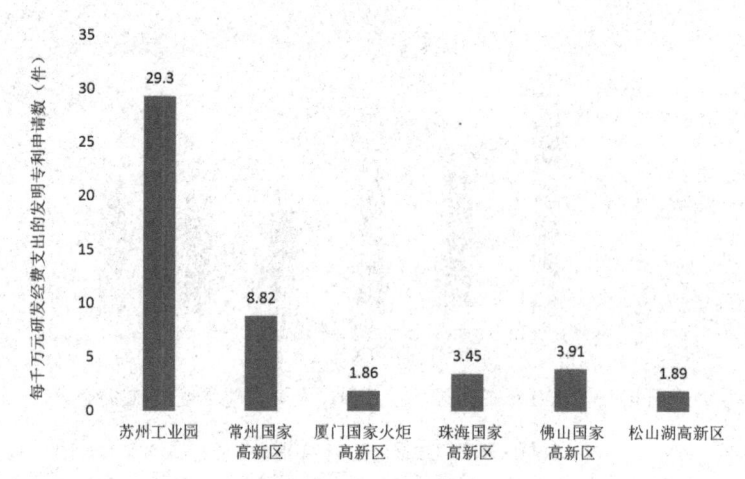

图 4-6　2020 年高新区每千万元研发经费支出的发明专利申请数

(数据来源:高新区专利统计公报,其中,珠海国家高新区为"一区多园"数据)

2. 科技成果转化方面

2020 年,松山湖高新区主要依托园区新型研发机构和各类创新平台,围绕东莞市支柱产业和特色产业转型升级的创新需求开展科技成果转化,建立起一批高技术研发基地和成果转化基地，聚集了一批高端科研团队，转化出一批先进科研成果，服务支撑传统产业转型升级和引领战略性新兴产业发展。同时，园区也出台政策，通过实施科技特派员制度、建设共性技术平台和中试验证基地及创新工场等方式支持科技成果转化。园区全年实现科技成果转移转化金额超过60亿元，累计服务企业超过2万家。

佛山国家高新区连续三年打造科技成果直通车，搭建起技术成果与科技企业精准对接的高质量服务平台，形成了佛山科技成果转化公共服务的品牌。科技成果直通车重点聚焦高校、科研院所、新型研发机构研发服务能力，深入挖掘新一代信息技术、高端装备制造、新材料、新能源、节能环保等前沿领域具有较强产业化前景的技术项目，特设了新型研发机构专场、高校专场、投融资专场、硬科技专场4个特色专场活动。通过直通车活动促进企业精准对接，快速达成合作意向，累计挖掘、征集了40多项行业共性需求、160多项产业个性需求，促进多项科技成果在佛山落地转化。

珠海国家高新区成立了港澳科技成果转化基地，对在基地创办企业的港澳青年给予1元/年的租金政策扶持，同时配备免费的公共设施及优质的企业服务，激发港澳青年创业的积极性，已引进33家企业、80名港澳青年人才创业就业，吸引了硅酷科技、无境科技等一批具有高成长性的初创型企业落户。珠海高新区还设立了首期规模3000万元的"港澳青年创新创业扶持基金"，推进港湾壹号创业投资基金扩充资金，加大力度扶持港澳青年创新创业项目；设立了孵化引育奖励资金，调动区内孵化载体引进更多优质港澳创业项目。

三、创新平台

1. 高校建设方面

截至2022年，松山湖高新区已有东莞理工学院、广东医科大学、广东科技学院、东莞职业技术学院4所高校，并依托松山湖科学城建设大湾区大学（松山湖校区）和香港城市大学（东莞）2 所高校。苏州工业园累计引进中外知名院校 33 所，佛山国家高新区拥有各类大学 13 所，珠海国家高新区拥有中山大学珠海校区、北京师范大学珠海校区、北京理工大学珠海学院、北京师范大学-香港浸会大学联合国际学院 4 所高校，常州国家高新区拥有常州大学西太湖校区、江苏理工学院新校区、河海大学常州新校区 4 所高校，如图 4-7 所示。

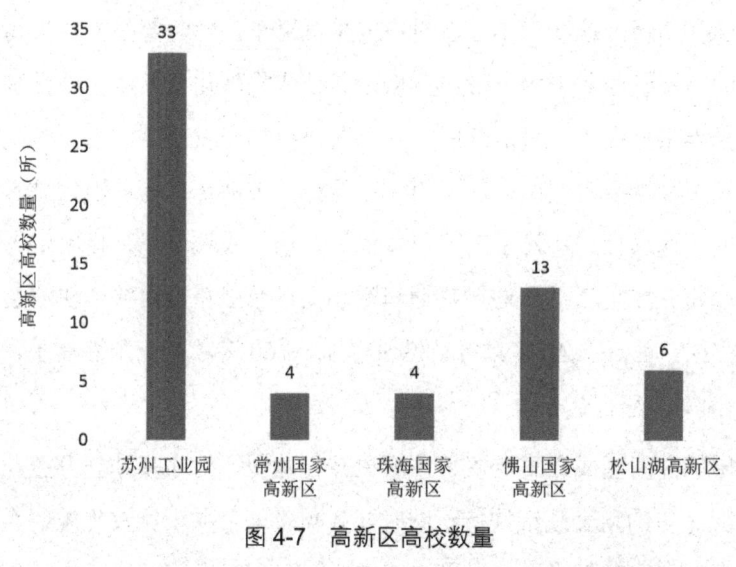

图 4-7　高新区高校数量

（数据来源：根据公开资料整理）

苏州工业园从 2002 年开始建设独墅湖大学城，2022 年拥有中国人民大学、西交利物浦大学、苏州大学、苏州港大思培学院、中国科技大学等知名学府，在校生达 10 万人，毕业生本地就业率高达 50%以上，这为苏州工业园的发展提供了丰富的知识和人才支撑。**师资方面**，大学城采取教授到企业担任技术副总经理，企业总经理到高校担任兼职教授的做法，实现了学校和企业之间科研与应用的双向联通。园区很多企业家是从国外归来的，有很多先进的理念，师资的双向联通对大学教育理念的推陈出新提供了较大帮助。**创业方面**，大学城设有"苏州独墅湖创业大学"，对所有报名人士免费开放，着重培养大学生的创业精神和理念。**国际化方面**，大学城已经形成从专科到博士研究生的中外合作高等教育学历的完整体系，成为国内中外优质高等教育资源集中度最高、高等教育国际化发展最具活

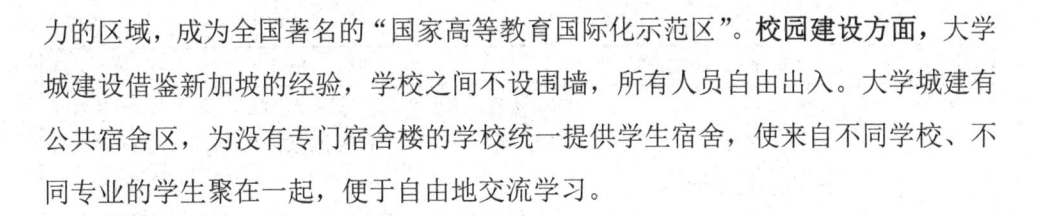

力的区域,成为全国著名的"国家高等教育国际化示范区"。**校园建设方面**,大学城建设借鉴新加坡的经验,学校之间不设围墙,所有人员自由出入。大学城建有公共宿舍区,为没有专门宿舍楼的学校统一提供学生宿舍,使来自不同学校、不同专业的学生聚在一起,便于自由地交流学习。

2. 重大科技创新载体方面

松山湖高新区依托松山湖科学城陆续推进中国散裂中子源、南方先进光源、阿秒激光等大科学装置建设,大科学装置在材料科学、生命科学等领域均有广泛应用价值,还结合产业需求布局建设了松山湖材料实验室、粤港澳中子散射科学技术联合实验室等重大创新平台。其他高新区也针对重大创新载体进行了规划与建设,如表 4-1 所示,大部分高新区重大创新载体建设均与它们主要发展的战略性新兴产业密切相关,兼顾重大前沿基础科学研究和面向产业的关键核心技术研发。苏州工业园重点聚焦材料领域,常州国家高新区聚焦智能制造和复合材料领域,厦门国家火炬高新区聚焦人工智能领域,佛山国家高新区聚焦先进制造、能源材料领域;个别高新区的重大创新载体建设以高校为依托单位,主要侧重基础研究(如珠海国家高新区)。

表 4-1 高新区重大创新载体规划与建设概况

高 新 区	重大创新载体规划与建设	概 况
苏州工业园	纳米真空互联实验站	江苏省首个大科学装置,主要用于探索面向未来能源、信息领域的新型纳米器件,研究多种极端条件下材料、结构和性能关系,挑战现有器件的物理极限、创新能源和信息领域核心器件的技术路线
	苏州实验室	江苏省唯一一家经中央批准成立的新型科研事业单位,围绕"战略性产品、战略性产业、未来科技"发展中重大材料科学和关键技术问题,强化战略性结构材料、战略性功能材料和前沿新材料布局,构建材料科学支撑平台,增强材料领域国家核心战略科技力量
	材料科学姑苏实验室	江苏省委省政府和苏州市委市政府打造的重大科技创新平台,为"省属科研事业单位"和首批"江苏省实验室"。主要研究领域包括电子信息材料、能源环境材料、生命健康材料等,目前开始在电子信息材料领域重点布局

续表

高 新 区	重大创新载体规划与建设	概 况
常州国家高新区	智能制造龙城实验室	常州市人民政府出资举办，开展智能制造领域重大前沿基础科学研究、应用技术开发和共性技术联合攻关，开展成果转移与企业孵化，进行国际科技合作和协同创新，引进培养高层次人才，负责重大产业创新平台建设、管理与运营，以及智能制造技术领域相关技术或知识产权咨询、服务与运营等
	碳纤维及复合材料技术创新中心	重点面向先进土木工程应用、先进复合材料结构设计与制造技术、绿色复合材料与绿色制造等领域开展研发及产业化应用，以攻克产业共性技术、"卡脖子"技术为核心，为碳纤维及复合材料产业发展提供源头技术供给，支撑产业向中高端迈进，发挥战略引领作用
厦门国家火炬高新区	云知声人工智能超算中心	提供高效的计算服务和一站式深度定制服务，通过定制性的工程优化方案，实现最大化的计算效率和更快速的模型训练，可用于智能家居、智慧医疗、智能制造、机器翻译等，有利于传统企业智能化转型升级
珠海国家高新区	天琴中心	主要用于引力波探测与空间精密测量
	海洋综合科考实习船	国内设计排水量最大、综合科考性能最强的海洋综合科考实习船，主要用于开展大气、海洋、生物三大领域科学考察，可实现科考数据系统集成、现场印证及与岸基数据的传输与处理，满足低空大气、海面、水体、海底及深海极端环境等科考需求
	南方海洋科学与工程广东省实验室	围绕海洋环境与资源、海洋工程与技术、海洋人文与考古三大研究领域，建设面向科技前沿、具有国际领先水平的海洋创新基础平台
佛山国家高新区	季华实验室	围绕国家和广东省重大需求，集聚、整合国内外优势创新资源，打造先进制造科学与技术领域国内一流、国际高端的战略科技创新平台
	仙湖实验室	聚焦氢能和燃料电池等新能源与新材料，致力于打造国家氢能与新材料领域的技术研发中心、技术转移与辐射中心、高端人才汇集与国际交流中心、大学生创新创业中心和高科技企业孵化中心，支撑和服务于大湾区经济高质量发展

资料来源：根据公开资料整理。

苏州工业园布局了江苏省首个大科学装置纳米真空互联实验站，同时还建有苏州实验室和材料科学姑苏实验室，从大科学装置到重大创新平台均围绕材料领域集中发力。苏州工业园的材料科学姑苏实验室与松山湖材料实验室在各自区域内都属于省实验室，且双方均既瞄准世界和国家材料科学领域前沿的重大科学问题,也面向经济主战场和地方制造业发展重大需求,如表 4-2 所示。比较来看,松山湖材料实验室起步略早、规模更大,产业化初见成效,形成了独具特色的创新样板工厂;材料科学姑苏实验室则开辟了一种全新的科研模式——成果交易前置,即企业预付成果转让费,材料科学姑苏实验室提前转让知识产权,这一模式可以有效树立需求导向,围绕最紧迫、最关键的重大科技问题,各界联合构建协同创新的科研生态,解决科技与经济"两张皮"的痼疾。

表 4-2 材料科学姑苏实验室与松山湖材料实验室建设比较

项　目	材料科学姑苏实验室	松山湖材料实验室
成立时间	2020 年 6 月 30 日揭牌成立	2017 年 12 月 22 日启动建设,2018 年 4 月完成注册
建设主体	江苏省和苏州市共建	东莞市政府、中国科学院物理研究所、中国科学院高能物理研究所共建
建设规模	实验室总部规划用地 33 万平方米,10 年内建设资金总额 200 亿元	占地约为 85 万平方米
发展定位	成为具有全球影响力的国际化创新策源地、新材料领域国家战略性科创基地	成为有国际影响力的新材料研发南方基地、国家物质科学研究的重要组成部分、粤港澳交叉开放的新窗口
创新组织模式	产业发展项目:与企业合作,解决产业共性问题;战略攻关项目:来源于国家任务;前沿探索项目:成立院士工作室	探索形成"前沿基础研究→应用基础研究→产业技术研究→产业转化"的全链条创新模式
建设特色和亮点	成果交易前置	创新样板工厂
研究领域	电子信息材料、能源环境材料、生命健康材料三个主要方向	十大前沿科学研究方向
建设进展	根据 2022 年 5 月的新闻报道整理,已汇聚了 506 名科研人员,其中博士占比为 26%,"双聘"人才 219 名,国家级人才 19 名	截至 2023 年 3 月,松山湖材料实验室总人数为 1032 名,全职全时人员共 640 名。其中两院院士 7 名,海外高层次人才 31 名。截至 2021 年年底,累计申请专利 574 件,发表文章 1667 篇,形成产业化公司 38 家

资料来源:根据公开资料整理。

3. 国家和省级研发机构方面

2020 年,松山湖高新区拥有国家级企业技术中心 2 家,省级企业技术中心 18

家，国家工程技术研究中心 1 家，企业国家重点实验室 1 家，如图 4-8 所示。与其他高新区相比，在国家级企业技术中心的数量上，松山湖高新区与佛山国家高新区和厦门国家火炬高新区还有较大差距，在省级企业技术中心的数量上，佛山国家高新区更是遥遥领先。

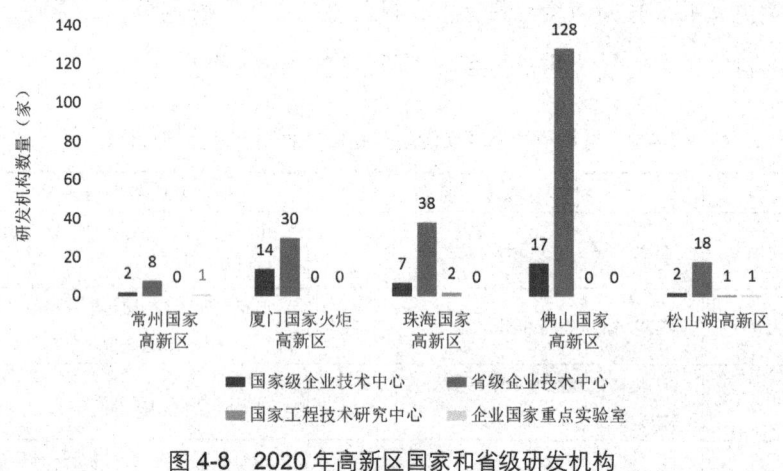

图 4-8　2020 年高新区国家和省级研发机构

（数据来源：《中国火炬统计年鉴 2021》）

四、创新生态

1. 技术交易方面

人均技术合同成交额是反映技术市场交易活跃度的重要指标，可体现区域科技研发服务业和科技成果转化的发展态势。经整理和测算，除了苏州工业园，其他高新区的人均技术合同成交额均低于松山湖高新区，如图 4-9 所示。2020 年，松山湖高新区的人均技术合同成交额达到 4.42 万元/人，居全国国家高新区第 11 位。

2. 国家级创业服务机构方面

2021 年，松山湖高新区国家级科技企业孵化器数量达 15 家，科技部国家级备案众创空间数量达 11 家，国家级科技企业孵化器数量仅次于佛山国家高新区，如图 4-10 所示。不仅如此，松山湖高新区当年孵化器、加速器和大学科技园内新增在孵企业数为 347 家，居全国国家高新区第 14 位。

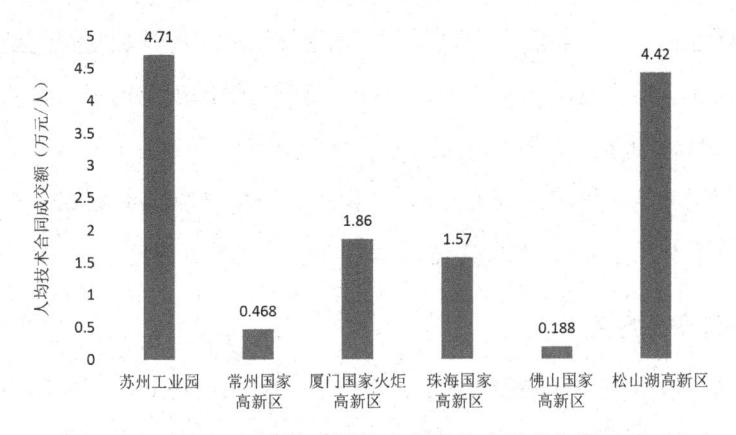

图 4-9　2020 年高新区人均技术合同成交额

（数据来源：科技部火炬中心数据、高新区统计年鉴及公开数据测算）

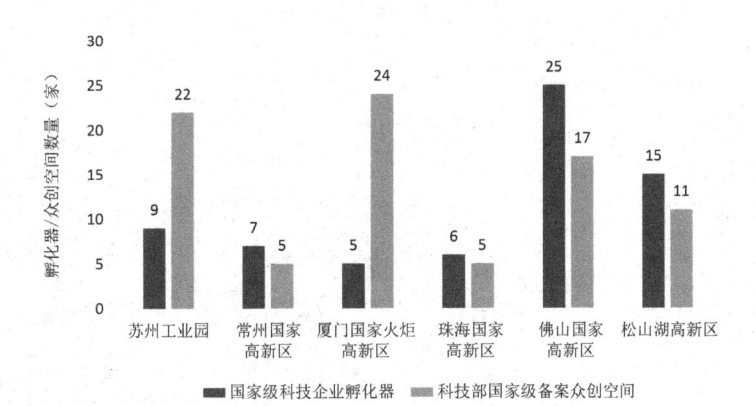

图 4-10　2021 年高新区国家级科技企业孵化器和科技部国家级备案众创空间数量

（数据来源：根据公开信息整理）

3. 科技金融方面

2021 年，松山湖高新区启动了总规模 10 亿元的天使投资基金，截至 2022 年 4 月，该基金已完成对妙智科技、东莞大为工业、东莞链芯半导体、东莞小豚智能、东莞清芯半导体、东莞华芯联、东莞火萤科技 7 个项目共 3600 万元的股权投资。

此外，2021 年松山湖高新区获得风险（天使）投资高企 43 家，净增 16 家。同年，金融机构对松山湖高新区的企业和重大项目授信超过3800亿元。

苏州工业园在2007年设立了创业投资引导基金，引导基金总规模为10亿元，主要投向园区内的人工智能、生物医药、纳米技术应用等领域的初创型企业，聚焦重点产业和早期投资。截至2022年5月，苏州工业园创业投资引导基金累计参股子基金38只，子基金总规模超过100亿元，累计投资项目618家，以早期投资为主，天使轮和A轮占比为69.23%，生物医药领域项目超过42.07%。苏州工业园创业投资引导基金获评2021年度长三角最佳政府引导基金TOP20。

4．创新政策方面

分析高新区2019年以来出台的各类政策，近年来松山湖高新区加快构建创新政策体系，围绕创新链各个环节出台诸多创新政策，覆盖面比较广泛，如图4-11所示。相比较而言，苏州工业园的政策出台更加密集，在创新人才等方面的政策尤其突出。

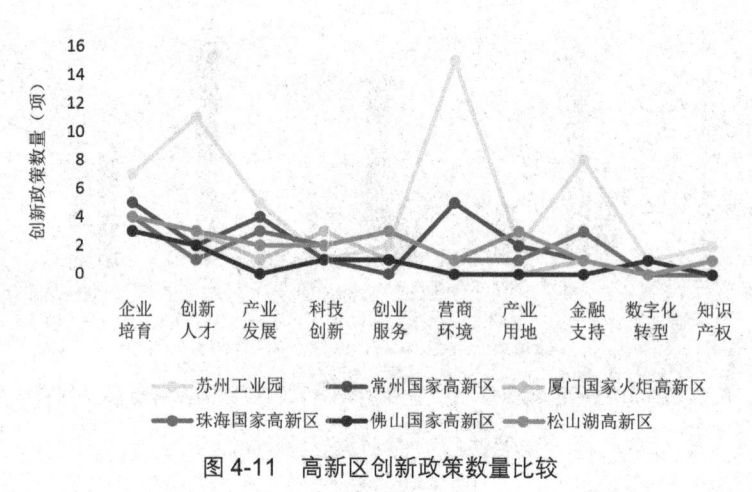

图4-11 高新区创新政策数量比较

（数据来源：根据公开资料整理）

2022年，苏州工业园发布《苏州工业园区人才赋能产业创新集群的若干举措》，通过十项具体举措，推进产业创新集群发展集聚更多高端人才。园区建立首席科学家制度，科研经费落实"一事一议"支持机制，对原创性、引领性、颠覆性研究给予充分资源保障。支持产业集群内从事学术和基础研究、技术和应用开发的人才串联使用，探索实行"院地双聘"。引导产业集群人才流动，实现人才资质互认。对有意向在海外设立研发中心、销售总部的创新龙头企业，依托园区海外商务中心，提供不超过市场价格80%的临时场地支持。此外，苏州工业园还积极推进人才工作数字化转型，推出"iDream"和"iHome"两大数字平台。其中，"iDream"园梦人才平台统筹重点产业人才、技术需求，通过链接全球猎头机构，协同海外商务中心，实现高层次人才供需高效对接，提升精准引才水平。"iHome"人才安居融合服务平台统筹域内2.6万余套国资房源，系统集成安居政策，推出人才安居计算器，实现人才需求、适配房源、安居政策精准对接。

佛山国家高新区近年来在推进新技术应用等方面的政策比较突出。早在2019年，佛山国家高新区便开始谋划数字化应用场景创新，并于2020年认定首批5个试点示范项目。2022年，佛山国家高新区出台《佛山高新技术产业开发区管理委员会新技术应用场景创新扶持办法》（简称《扶持办法》），为推动新技术在佛山国家高新区率先应用，探索以应用场景引领制造业智能化高端化发展，为高新区培育新产业、新业态探索新模式和新路径抢抓先机。《扶持办法》主要支持场景创新企业落户成长，支持建设场景示范项目、场景示范园区和场景创新中心等，最高提供1000万元的资金支持。

五、小结

1. 松山湖高新区重视创新投入，创新产出成效有待提升

在科技经费投入和人员投入方面，松山湖高新区整体处于中上水平，无论是政府还是企业对科技创新的重视程度都相对较高，具有良好的创新基础条件。在创新产出方面，每千万元研发经费支出的发明专利申请数还处于相对末位，研发投入产出的成效不高，投入的财力、人力还未能充分转化为高价值的创新成果。在成果转化方面，随着松山湖高新区高校科研院所等原始创新体系的逐步构建，本土源头创新成果供给不断增加。尽管出台了一系列支持源头创新、技术攻关和成果转化的政策措施，但是源头创新活动与产业需求尚未充分融合，技术创新市场导向机制有待完善，可转化的创新成果不多，从源头创新到产业化还未形成完整"闭环"，从源头创新到产业化的壁垒依然存在，创新对经济的驱动作用有待释放。除了推动高校院所的成果产业化，还应关注外部的初创型项目资源，联合投融资机构加大力度发掘和引进优质硬科技项目到松山湖高新区落地。

2. 松山湖高新区创新平台建设具有一定优势和潜力，但是企业高水平研发机构建设仍需加强

松山湖高新区高水平大学建设还处于蓄能期，随着未来大湾区大学（松山湖校区）和香港城市大学（东莞）建成运行，将为松山湖高新区的创新发展提供更强动力。苏州工业园在大学建设方面具有 20 余年的经验，在产教联动、大学生创业、国际化、校园建设方面值得借鉴。松山湖高新区依托松山湖科学城在重大科技创新载体建设上成效明显，大科学装置数量遥遥领先，在重大创新平台布局方面与苏州工业园均聚焦新材料领域，在省级实验室的创新机制和模式上值得互相学习借鉴。松山湖高新区在国家和省级企业研发机构方面与其他主要国家高新区相比差距明显，还需要花大力气鼓励和支持企业高水平研发机构的建设。

3. 松山湖高新区创新生态总体良好，但是在重点政策上还需加强谋划

松山湖高新区技术市场交易十分活跃，在国家级孵化器数量上也相对领先，孵化企业数量增长较快，创业孵化环境基础较好。但是，松山湖高新区在新技术、新产业的培育布局上还未能精准抢抓先机，缺少整体谋划和政策机制的探索。

第五章

东莞松山湖高新区产业高质量发展分析

产业高质量发展反映区域经济发展质量,反映经济持续健康发展的能力,包括产业竞争力、企业培育2个二级指标和11个三级指标(详见附录A中的表A-1,其中包含2项定性指标)。2020年,松山湖高新区新一代信息技术产业规上工业总产值占高新区规上工业总产值的96.14%,为第一主导产业;松山湖高新区高技术制造业增加值占园区规上工业增加值的91.10%,产业结构升级成效显著,但是高技术服务业营业收入占比较低,产业竞争力有待进一步提升;松山湖高新区政策体系相对完善,但是产业政策和企业培育政策需要进一步加强。

一、产业竞争力

1. 产业结构方面

从主导产业结构来看，松山湖高新区以新一代信息技术产业为第一主导产业，2020 年，该产业规上工业总产值为 4789.22 亿元，占高新区规上工业总产值的 96.14%，如图 5-1 所示；作为第二主导产业的高端装备制造产业实现规上工业总产值 57.62 亿元，占比为 1.16%。苏州工业园主导产业与松山湖高新区类似，如表 5-1 所示，其新一代信息技术和高端装备制造产业的占比分别为 40.80%和 34.30%。从产业结构升级上看，2020 年，松山湖高新区高技术制造业增加值占园区规上工业增加值的 91.10%[①]，高于苏州工业园（72.40%）[②]；高技术服务业营业收入[③]仅占园区营业收入的 0.91%，与苏州工业园（10.19%）相差约 10 个百分点，排在 6 家主要国家高新区的末位，如图 5-2 所示。

> **专栏 1**
>
> **松山湖高新区服务业分析**
>
> 松山湖高新区服务业占比低于东莞市平均水平，2020 年，园区第三产业占比低于全市平均 30 个百分点[④]。生产性服务业严重滞后于先进制造业发展。总

---

① 数据来源：东莞松山湖管理委员会官网。
② 数据来源：苏州工业园管理委员会官网。
③ 高技术服务业营业收入用技术收入指标代替，其中技术收入指企业全年用于技术转让、技术承包、技术咨询与服务、技术入股、中试产品收入及接受外单位委托的科研收入等。
④ 东莞市 2020 年第三产业占比为 43%，松山湖高新区 2020 年第三产业规上生产总值为 80.15 亿元，松山湖高新区当年国内生产总值为 661.82 亿元。
数据来源：东莞市统计年鉴 2021、松山湖高新区年鉴 2021。

体看，服务业涉及多个产业的很多环节，具有专业性强、创新活跃、产业融合度高、带动作用显著等特点，特别是生产性服务业已经是全球产业竞争的战略制高点。因此，如何激发整个松山湖高新区服务业为经济发展提供新动能，有效激发内需潜力、带动扩大社会就业、引领产业向价值链高端提升，值得进一步关注。

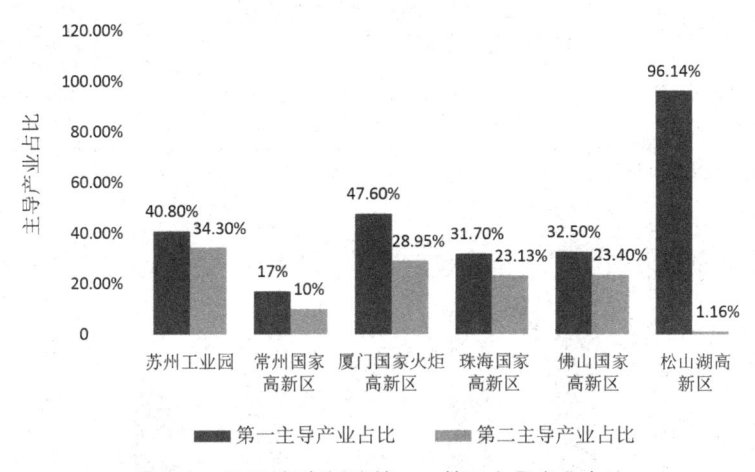

图 5-1　2020 年高新区第一、第二主导产业占比

（数据来源：根据公开资料整理）

表 5-1　主要国家高新区产业结构概况

高 新 区	产 业 结 构
苏州工业园	做大做强"2+3"先进制造产业集群，提档发展现代服务业集群，积极推进数字经济和数字化发展。两大主导产业是新一代信息技术产业、高端装备制造产业，三大新兴产业是生物医药、纳米技术应用、人工智能
常州国家高新区	深化"两特三新"产业发展新内涵，光伏智慧能源、新材料、新能源汽车及汽车核心零部件、新一代信息技术、新医药及医疗器械五大重点领域
厦门国家火炬高新区	5 个重点产业（软件与信息服务业、平板显示、集成电路、计算机与通信设备、电力电器）；4 个新兴产业（人工智能、物联网与工业互联网、新能源新材料、医药与智慧健康）
珠海国家高新区	一区六园，3 个主导产业（集成电路、生物医药、智能制造及机器人）和 3 个新兴产业（新一代信息技术、新材料、海洋经济）

续表

高新区	产业结构
佛山国家高新区	构建"3+3+X"现代产业体系： • 全力发展三大主导产业集群（高端装备制造产业集群、智能家居产业集群、新材料产业集群）； • 积极培育三大特色产业集群（电子核心产业集群、生物医药与健康产业集群、生产性服务业产业集群）； • 加快布局 X 个新兴产业集群（机器人产业集群、增材制造产业集群、新能源汽车产业集群、氢能源产业集群、工业互联网产业集群）
松山湖高新区	构建完善高质量发展的"1+3+1"现代产业体系，即做强1个主导产业（信息技术），做大3个新兴产业（智能装备制造、生物技术、新材料），做实1个配套服务业（生产性服务业）

数据来源：根据公开资料整理。

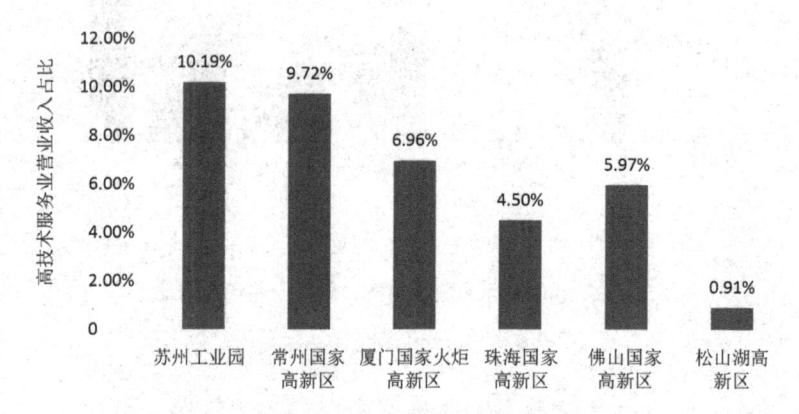

图 5-2 2020 年高新区高技术服务业营业收入占比

（数据来源：根据公开资料整理）

2. 产业效益方面

2020 年，松山湖高新区工业增加值率为 16.40%，如图 5-3 所示，在 6 家主要国家高新区中排名末位，与其他主要国家高新区还存在一定差距。

3. 产业政策方面

松山湖高新区尚未针对新一代信息技术产业等主导产业出台特定的扶持政策。2021 年，珠海国家高新区出台了《珠海高新区促进集成电路产业发展若干政策措施》，从产业引育、企业培育、创新环境优化等方面对集成电路产业进行支持，其中，对在集成电路领域新成立的生产制造项目、引进的领军企业、新培育的创新创业项目最高补贴 5000 万元。2022 年，苏州工业园出台了《苏州工业园区关于加快发展集成电路产业的若干措施》，重点支持园区集成电路企业做大做强，对企业开展流片验证、对外并购、重大专项研究、首台套认定、产能合作等，最高补贴为每年 1000 万元。

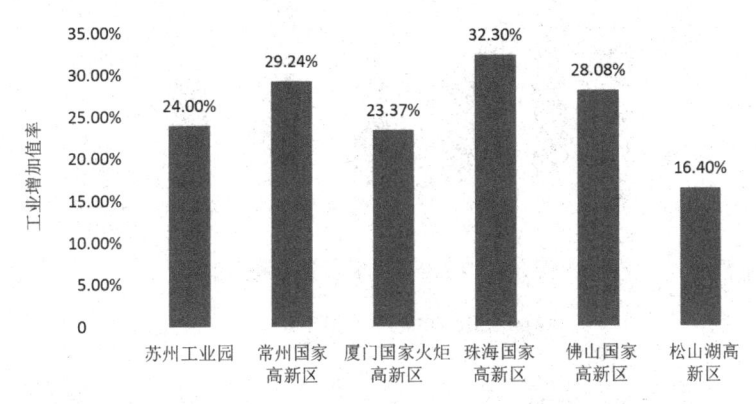

图 5-3 2020 年高新区工业增加值率

（数据来源：根据公开资料整理）

二、企业培育

1. 企业利润率方面

松山湖高新区的企业利润率整体偏低，与其他主要国家高新区相比存在一定差距。2020 年，松山湖高新区企业利润率为 3.12%，如图 5-4 所示，与厦门国家火炬高新区相差约 3 个百分点，而珠海国家高新区的企业利润率高达 14.35%。

2. 高企方面

2020 年，松山湖高新区净增高企 50 家，净增入统企业[①]175 家，净增高企数

---

① 入统企业也称列统企业，是列入政府统计部门名单的企业。

占净增入统企业数的 28.57%，如图 5-5 所示；高企存量 360 家，占入统企业存量的 39.65%，如图 5-6 所示。松山湖高新区无论是在高企存量还是在高企增量上，与其他主要国家高新区均存在不小差距。

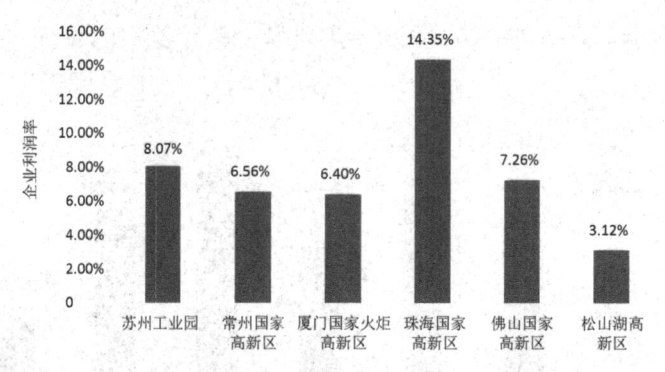

图 5-4　2020 年高新区企业利润率

（数据来源：《中国火炬统计年鉴 2021》）

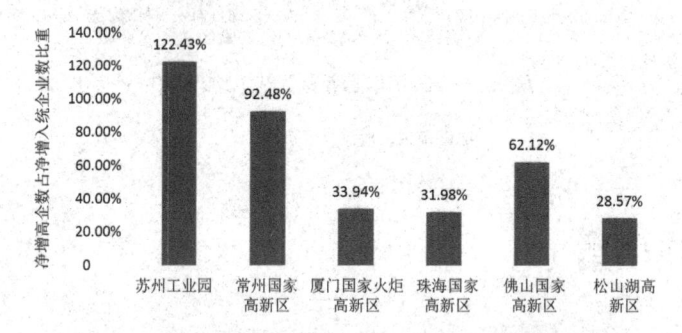

图 5-5　2020 年当年净增高企数占净增入统企业数比重

（数据来源：根据公开资料整理）

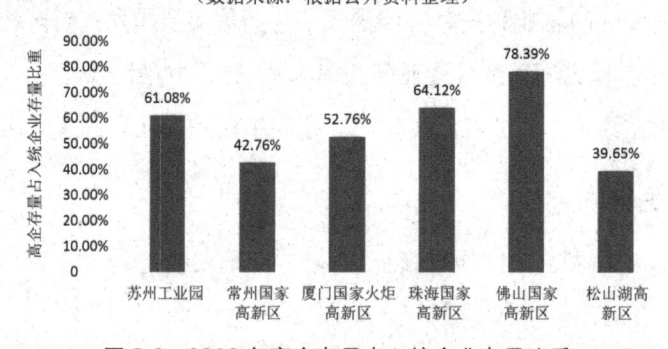

图 5-6　2020 年高企存量占入统企业存量比重

（数据来源：《中国火炬统计年鉴 2021》）

3. 企业成长性方面

2021年，松山湖高新区上市企业数为11家，如图5-7所示，远远低于排名第1位的佛山国家高新区（90家），瞪羚企业与独角兽企业为28家，如图5-8所示，高成长性企业数量相对较少。

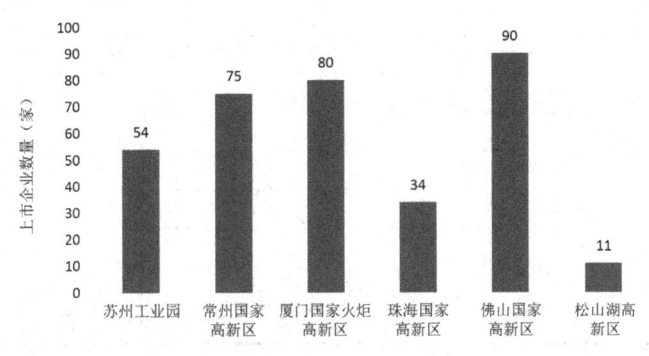

图 5-7　2021年上市企业数量

（数据来源：根据公开资料整理）

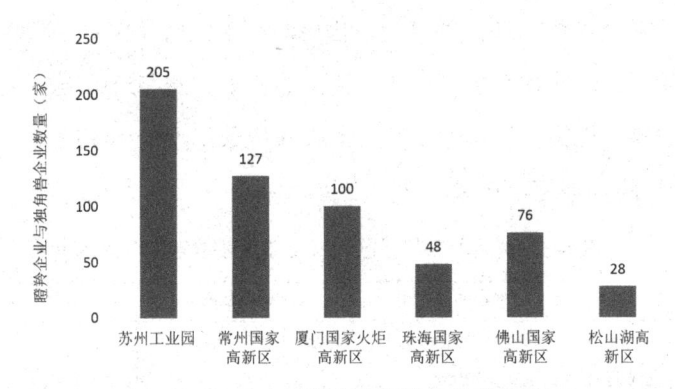

图 5-8　2021年瞪羚企业与独角兽企业数量

（数据来源：根据公开资料整理）

4. 企业培育政策方面

各高新区主要围绕高企培育、专精特新企业培育、瞪羚/独角兽企业培育和孵化器载体建设等方面出台了政策。

在高企培育上，松山湖高新区对当年首次通过认定的高企一次性奖励10万元，对当年重新通过认定的高企一次性奖励5万元；对原注册地址在东莞市以外地区且仍在认定有效期内的高企，其注册地址及实际办公地址均于当年变更至东莞松山湖高新区，给予一次性落户奖励20万元。与其他主要国家高新区相比，松山湖高新区在高企认定和落户激励方面的支持力度最小，如表5-2所示。

表5-2 主要国家高新区高企培育奖补政策对比

单位：万元

高新区名称	激励层次	入库奖励	迁入奖励	首次认定奖励	重新认定奖励
苏州工业园	高企	10	—	20	10
常州国家高新区	高企	10	10	30	20
厦门国家火炬高新区	高企/规上高企	—	100	10、40	20
珠海国家高新区	高企/四上企业①高企	—	30~50	20~30	20
佛山国家高新区	首次认定/标杆型高企	13（入库+申报）	3~5	20	10
松山湖高新区	高企	—	20	10	5

数据来源：根据公开资料整理。

在专精特新企业培育上，主要国家高新区纷纷出台专精特新企业培育政策，如表5-3所示。从申报认定条件来看，松山湖高新区所在市对专精特新企业的申报认定条件最严格，比如在主营业务占比方面要求达到75%，居所有高新区第1位，在业务的增长性方面要求上年度营业收入增长率不低于15%。其他高新区则倾向于2~3年的考察期，在政策认定上更具弹性。

表5-3 主要国家高新区专精特新企业培育政策对比

高新区	所在市专精特新企业主要申报认定条件（量化条件）	奖补措施
苏州工业园	主要从事制造业特定细分市场，特定细分产品销售收入占企业全部收入的比重在60%以上； 在相关细分产品市场中，单项产品市场占有率位居国内同行业前10位； 拥有2项以上发明专利，关键性能指标处于同类产品领先水平； 从事相关业务领域的或从事新产品生产经营的时间达到3年或以上	对首次认定为国家、江苏省、苏州市、苏州工业园专精特新各类荣誉称号的企业，分别给予累计不超过100万元、50万元、20万元、10万元的奖励（包含上级奖励资金）

---

① "四上企业"是现阶段我国经济统计系统的专用的称谓。"四上企业"是规上工业企业、资质等级建筑业企业、限额以上批零住餐企业、国家重点服务业企业4类规上企业的统称。

续表

高 新 区	所在市专精特新企业主要申报认定条件（量化条件）	奖 补 措 施
常州国家高新区	连续经营2年以上，2020年、2021年2年营业收入平均增长率6%以上或平均营业利润率6%以上（创新类企业除外）； 企业长期专注并深耕于某一细分行业的产品研发和生产，主导产品销售收入占企业主营业务收入的60%以上； 企业具有较强的技术创新能力，2021年度研发投入占营业收入比重≥3%	对新认定国家制造业单项冠军示范企业或单项冠军产品、国家专精特新"小巨人"企业、省级专精特新"小巨人"企业，分别给予最高200万元、100万元、50万元奖励
厦门国家火炬高新区	近2年主营业务收入在5000万元以上、10亿元以下的工业企业； 近2年主营业务收入或净利润的平均增长率高于同期同行业企业水平； 专注并深耕于产业链某一环节或某一产品达到3年（含）以上，能为大企业、大项目提供关键零部件、元器件和配套产品及专业生产的成套产品； 近2年企业从事研发和相关技术创新活动的科技人员占企业当年期末用工人员的10%（含）以上； 企业拥有主要产品相关的有效发明专利（含集成电路布图设计专有权，下同）1件，或实用新型专利、外观设计专利、软件著作权3件及以上；自建或与高等院校、科研机构联合建立研发机构，设立技术研究院、企业技术中心、企业工程中心、院士专家工作站、博士后工作站等； 企业近2年研发经费支出占营业收入比重均不低于3.5%	对获得工业和信息化部认定的国家级专精特新"小巨人"企业给予100万元奖励，对获得厦门市认定的专精特新中小企业给予最高50万元奖励，奖励金额为全国最高
珠海国家高新区	企业上年末总资产1500万元以上，企业上两个年度营业收入都在2000万元以上； 企业上年度营业收入在1亿元以下的，近2年的主营业务收入年平均增长率达到7.5%以上，利润总额为正数。企业上年度营业收入在1亿元以上的，近2年的主营业务收入年平均增长率达到5%以上，利润总额为正数。企业估值达到或超过人民币1亿元，且由清科创投排名前50的投资机构投资的，该企业视为拥有盈利前景，年度利润可以为负数； 企业近2年的研发投入占销售收入的比重每年都达到3%以上； 主营业务收入占营业收入的70%以上，且细分市场占有率在全国、全省处于领先位置； 拥有行业领军人才或省市引进的高层次人才，企业本科以上学历或中级以上职称员工数占企业员工总数的25%以上	珠海市对首次认定的国家制造业单项冠军企业（产品）、国家级专精特新"小巨人"企业，在认定的有效期内，分别给予最高200万元、100万元的一次性奖励；对2022年新认定的省级、市级专精特新中小企业，分别给予最高50万元、20万元的一次性奖励

续表

高新区	所在市专精特新企业主要申报认定条件（量化条件）	奖补措施
佛山国家高新区	企业连续经营3年以上，上一年度营业收入800万元以上；过去2年营业收入复合增长率不低于5%；近2年内，企业年度研发投入占营业收入的2.5%以上；近2年主营业务收入占营业收入的70%以上	对获国家级专精特新"小巨人"认定的企业，一次性给予50万元的现金奖励；对获省专精特新中小企业认定的企业，一次性给予20万元的现金奖励。企业获奖励最高50万元
松山湖高新区	上年度营业收入1000万元以上；上年度营业收入增长率不低于15%，或者近2年主营业务收入或净利润的平均增长率不低于10%；企业近2年的研发投入占销售收入的比重达到3%以上；从事特定细分市场时间达到2年及以上，主营业务收入占营业收入的75%以上；或拥有行业领军人才、省市引进的高层次人才，企业本科以上学历或中级以上职称员工数占企业员工总数的40%以上	东莞市对专精特新企业实施认定奖励，对认定为国家专精特新"小巨人"企业的，一次性给予50万元奖励；对认定为国家"单项冠军"企业（或产品）的，一次性给予300万元奖励

数据来源：根据公开资料整理。

在瞪羚/独角兽企业培育上，主要国家高新区根据企业成立年限、行业进行了分档申报奖补，如表5-4所示。松山湖高新区的认定条件相对刚性，最高档双五企业的奖励额度为300万元，低于珠海高新区和佛山高新区500万元的奖励额度。

表5-4 主要国家高新区瞪羚/独角兽企业培育政策对比

高新区	瞪羚/独角兽企业申报条件	奖补措施
苏州工业园	1）独角兽企业和准独角兽企业 • 独角兽企业申报条件：最新一轮投后估值10亿美元（或60亿元）及以上，成立10年内。 • 准独角兽企业申报条件：最新一轮投后估值3亿~10亿美元（或18亿~60亿元），成立8年内。 2）瞪羚企业和瞪羚培育企业 • 瞪羚企业申报条件：企业总部注册在园区，成立10年内，未在主板或创业板上市，是国家高企，企业上年度销售收入不低于5000万元，原则上不超过5亿元；近3年销售收入或净利润平均增长率不低于15%。 • 瞪羚培育企业申报条件：企业总部注册在园区，成立8年内，未在主板或创业板上市，是国家高企或纳入江苏省高企培育库，企业上年度销售收入不低于1500万元，原则上不超过5000万元；近3年销售收入或净利润平均增长率不低于20%。	对于纳入独角兽培育工程的企业，采取"一企一策""一事一议"方式在研发投入、投融资、用地、人才等多方面给予重点支持。对新通过国家高企认定的企业最高奖励50万元；对新认定的瞪羚企业或瞪羚培育企业，根据其销售、研发投入、知识产权、人才引进、税收贡献等进行综合评定，给予一定支持

续表

高新区	瞪羚/独角兽企业申报条件	奖补措施
常州国家高新区	• 瞪羚培育企业申报条件： 近一年研发投入占营业收入的比例≥2.5%，并满足以下条件之一： 4年前营业收入≥500万元，近4年营业收入复合增长率≥10%，且最近一年正增长；成立时间3年内，且最近一年营业收入≥1亿元，且3年收入无大幅度下降；成立时间5年内，且最近一年营业收入≥2亿元，且3年收入无大幅度下降。 • 瞪羚企业申报条件： 近一年研发投入占营业收入的比例≥2.5%，并满足以下条件之一： 4年前营业收入≥1000万元，近4年营业收入复合增长率≥20%，且最近一年正增长；成立时间5年内，且最近一年营业收入≥5亿元，且3年收入无大幅度下降；成立时间10年内，且最近一年营业收入≥10亿元，且3年收入无大幅度下降	通过瞪羚培育企业认定后获一次性奖励3万元，通过瞪羚企业认定后再奖励7万元
厦门国家火炬高新区	火炬瞪羚企业申报条件： 企业成立时间不超过10个完整年度（含），且满足以下基本条件之一： 上一年度营业收入大于2000万元（含）且小于5亿元的企业，近2年营业收入复合增长率达到15%（均保持正增长），且近2年研发费用总额占年度营业收入总额的比例均不低于6%（含） 上一年度营业收入大于5亿元（含）的企业，近2年营业收入均保持正增长，且近2年研发费用总额占当年度营业收入总额的比例均不低于5%（含）	给予30万元一次性奖励。 "规上国高企业"和"火炬瞪羚企业"，给予研发费用10%的补贴，年补贴最高300万元
珠海国家高新区	分为市内培育库、市外培育库；分为超级独角兽、独角兽、潜在独角兽、种子独角兽4个层级。 种子独角兽申报条件：企业设立时间原则上在一年以上、10年以内，生物医药等特殊行业可依据实际放宽至15年。在创新能力指标上做了分档要求，随着营业收入规模的增加，研发投入强度进行了适度的降低，一般是3%~5%不等；研发投入超过4000万元的，对研发投入强度不做要求；软件行业的研发投入强度的要求则高达8%	对于首次入选独角兽企业培育库的市内独角兽、潜力独角兽和种子独角兽企业，一次性给予200万元研发启动资金资助。对于首次入选独角兽企业培育库的市内超级独角兽企业，一次性给予500万元研发启动资金资助

续表

高 新 区	瞪羚/独角兽企业申报条件	奖 补 措 施
佛山国家高新区	瞪羚企业的认定包括规模效益指标和创新水平指标。在规模效益指标上，对成立15年、10年、5年的企业分档要求；在创新水平指标的阈值设计上，采用了"近四年平均研发投入强度（四年研发投入总和/四年营业收入总和）不低于4%"的要求。 潜在独角兽企业认定的标准为企业成立时间10年（含）以内；获得过私募投资，且尚未在境内外证券交易所上市；企业估值人民币60亿元（含）以上	获得佛山国家高新区瞪羚企业认定的，给予认定奖励100万元；获得佛山高新区独角兽（潜在）企业认定的，分别给予潜在独角兽企业500万元，独角兽企业1000万元的奖励（同一申报单位只可享受一次认定奖励）；由潜在独角兽企业成长为独角兽企业的，给予500万元差额奖励
松山湖高新区	瞪羚企业要求成立10年以内，研发投入强度不低于5%。 双三企业是指同一会计年度营业收入达到3亿元，且研发费支出占营业收入达到3%的高企。 双五企业是指同一会计年度营业收入达到5亿元，且研发费支出占营业收入达到5%的高企。 百强企业：近2年研发投入占销售收入平均比例不低于5%；上年度营业收入不少于2000万元，主导产品（服务）收入占营业收入的比例不低于70%，净利率不低于10%或毛利率不低于20%，近2年净利润或营业收入复合增长率不低于上年度全市规上工业增加值增长率的3倍；设有国家级研发机构的可不受上述限制	对通过认定的瞪羚企业给予一次性奖励20万元；对通过认定的百强企业给予一次性奖励30万元；对经审核符合双三企业标准的高企，给予一次性奖励100万元；对经审核符合双五企业标准的高企，给予一次性奖励300万元

数据来源：根据公开资料整理。

在行业龙头企业、领军企业支持方面，截至2022年，松山湖高新区尚没有明确支持行业领军企业的相关政策。苏州工业园在支持行业龙头企业发挥示范引领、辐射带动作用方面出台相关政策举措，比如鼓励行业龙头企业开办众创空间、支持"链主"企业建设公共服务平台、支持"链主"企业开展项目招引和兼并重组等。常州国家高新区建立大企业集团培育库并实施动态管理，加快龙头企业培育。佛山国家高新区主要开展对领军企业的认定和按类别资助，如表5-5所示。

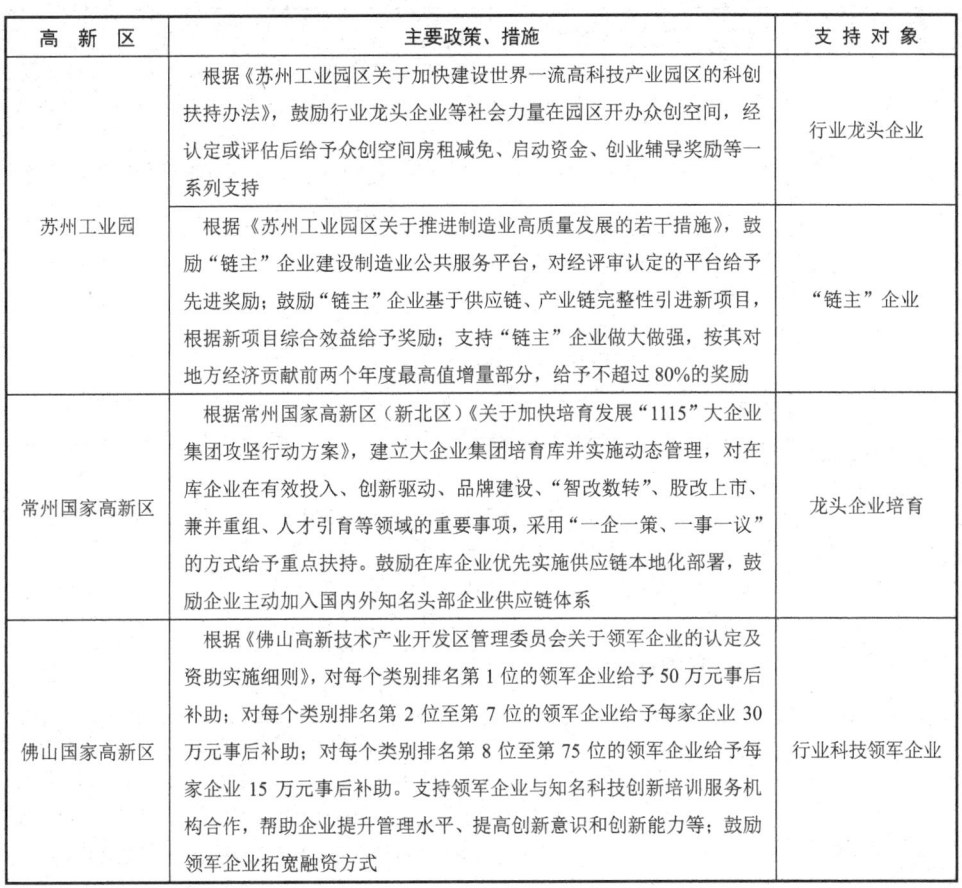

表 5-5 主要国家高新区行业龙头企业、领军企业支持对比

高　新　区	主要政策、措施	支持对象
苏州工业园	根据《苏州工业园区关于加快建设世界一流高科技产业园区的科创扶持办法》，鼓励行业龙头企业等社会力量在园区开办众创空间，经认定或评估后给予众创空间房租减免、启动资金、创业辅导奖励等一系列支持	行业龙头企业
苏州工业园	根据《苏州工业园区关于推进制造业高质量发展的若干措施》，鼓励"链主"企业建设制造业公共服务平台，对经评审认定的平台给予先进奖励；鼓励"链主"企业基于供应链、产业链完整性引进新项目，根据新项目综合效益给予奖励；支持"链主"企业做大做强，按其对地方经济贡献前两个年度最高值增量部分，给予不超过80%的奖励	"链主"企业
常州国家高新区	根据常州国家高新区（新北区）《关于加快培育发展"1115"大企业集团攻坚行动方案》，建立大企业集团培育库并实施动态管理，对在库企业在有效投入、创新驱动、品牌建设、"智改数转"、股改上市、兼并重组、人才引育等领域的重要事项，采用"一企一策、一事一议"的方式给予重点扶持。鼓励在库企业优先实施供应链本地化部署，鼓励企业主动加入国内外知名头部企业供应链体系	龙头企业培育
佛山国家高新区	根据《佛山高新技术产业开发区管理委员会关于领军企业的认定及资助实施细则》，对每个类别排名第 1 位的领军企业给予 50 万元事后补助；对每个类别排名第 2 位至第 7 位的领军企业给予每家企业 30 万元事后补助；对每个类别排名第 8 位至第 75 位的领军企业给予每家企业 15 万元事后补助。支持领军企业与知名科技创新培训服务机构合作，帮助企业提升管理水平、提高创新意识和创新能力等；鼓励领军企业拓宽融资方式	行业科技领军企业

数据来源：根据公开资料整理。

在孵化器载体建设上，主要国家高新区均出台了奖补政策，如表 5-6 所示，一般分为等级认定奖励和孵化绩效奖励。比较各高新区奖补政策，松山湖高新区的等级认定奖励力度仅次于苏州工业园和厦门国家火炬高新区；但是在孵化绩效奖励方面，松山湖高新区的奖励力度则相对较低。

表 5-6 主要国家高新区孵化载体奖补政策对比

高　新　区	等级认定奖励	孵化绩效奖励
苏州工业园	新认定的国家级、省级、园区级科技企业孵化器，分别给予 200 万元、150 万元、100 万元的一次性奖励，逐级获得认定的，奖励差额部分	每年对园区内孵化器组织考核评估，开展绩效评价工作。根据评价结果给予不同档次的绩效奖励，每家孵化器最高 200 万元。连续 2 年绩效评价不合格的，取消其园区级资格

续表

高新区	等级认定奖励	孵化绩效奖励
常州国家高新区	—	对当年纳入省级高企培育库入库企业3家（含）以上5家以下的孵化器、加速器、众创空间运营主体给予10万元奖励，5家（含）以上10家以下的给予20万元奖励，10家（含）以上的给予50万元奖励
厦门国家火炬高新区	首次认定为"火炬两岸众创空间"，一次性给予该众创空间运营机构30万元奖励；首次认定为"火炬专业众创空间"，一次性给予该众创空间运营机构50万元奖励；首次认定为福建省级各类众创空间，在已享受省、市众创空间相关财政补助和奖励的基础上，一次性给予该众创空间运营机构20万元配套奖励；获得国家专业化众创空间认定的，该众创空间运营机构可申领的各类等级认定奖励总额不得超过320万元；属于其他情形的，单个众创空间运营机构可申领的各类等级认定奖励总额不得超过120万元	按照每家5万元的标准给予众创空间运营机构奖励；众创空间在孵企业或当年毕业企业在众创空间的培育辅导下获得发明专利授权的，按照每件发明专利1000元的标准给予众创空间运营机构奖励
珠海国家高新区	市级以上20万元	注册并入驻孵化载体内的企业符合珠海高成长性企业、上市后备企业等条件的，园区孵化载体运营评价结果为合格的，按每家企业每个获评项目3万元的标准给予孵化载体奖励；结果为优秀的，按每家企业每个获评项目5万元的标准给予孵化载体奖励；单个孵化载体每年获奖励不超过100万元
佛山国家高新区	对新认定的国家级科技企业孵化器和国家级科技企业孵化器培育单位，分别给予50万元和20万元事后补助；对新备案的国家级众创空间，给予20万元事后补助	—
松山湖高新区	对新认定的国家级、省级、市级孵化器分别给予一次性100万元、30万元、10万元奖励。按照"就高不重复"原则，同一家孵化器累计奖励不超过100万元	培育一家高企，给予科研载体运营单位2万元奖励；协助重新被认定为高企的，每认定一家，给予科研载体运营单位1万元奖励；每引进一家，给予科研载体运营单位2万元奖励

数据来源：根据公开资料整理。

在对企业的金融支持上，主要国家高新区根据企业生命周期（初创期、成长期、成熟期）、企业类型（高企、科技型中小企业）等提出了一系列创新举措和金融产品，具体见表5-7。松山湖高新区科技金融服务体系初具规模，制定出台相关政策降低企业融资成本，设立松山湖天使投资基金，联合金融机构开发创新型金融产品满足企业需求，为园区项目建设和企业发展提供有力支撑。佛山国家高新区在对园区企业的精准画像和精准服务方面积累了丰富经验，作为科技部火炬中心企业创新积分制首批试点园区，佛山国家高新区建立起企业创新积分指标体系，搭建企业创新积分数据服务平台，成功筛选出一批创新能力强、成长潜力大的科技企业，主动为积分企业增信授信，推荐企业参与重大项目，引导技术、资本、人才等各类创新要素资源向企业集聚。

表5-7 主要国家高新区金融支持政策对比

高 新 区	主要政策、措施	支 持 对 象
苏州工业园	在股权投资方面，先后设立了领军创投、天使母基金、创业投资引导基金、产业引导基金、科创投等服务企业的政府投资基金	覆盖早期科技项目、早期科技创业企业、成长中后期科技创新企业
	在债权融资方面，设立了风险补偿资金池，通过金融机构合作，建立了"苏科贷""科技贷""园科贷"等省、市、区三级联动的金融产品体系及专门针对直接融资的"直融贷"产品	科技型中小企业
	依托政策性科技小额贷款平台，重点支持园区科技领军人才企业，对园区初创期科技型中小企业提供单户最高500万元的小额债权融资	科技领军人才企业（初创型）
常州国家高新区	出台《常州国家高新区"科创积分贷"信用贷款实施办法（试行）》。政府设立"科创积分贷"信用贷款风险补偿资金，合作银行提供最高20倍于"科创积分贷"信用贷款风险补偿资金规模的贷款总额度，根据创新积分档级为企业提供不同额度的信用贷款	高企、省民营科技企业、人才企业及科技型中小微企业
	出台《常州国家高新区中小企业贷款保证保险实施办法（试行）》，联合保险公司和银行三方进行合作，开展中小企业贷款保证保险试点工作。 政府补贴：①企业在贷款到期偿还本息后，区财政按保费金额的40%给予保费补贴；同时，区科技金融服务中心组织企业向上争取省级保费补贴40%；②按贷款额的2‰分别奖励给保险公司和银行，每半年各奖励一次	科技型中小企业
	由高新区科技部门联合商业银行推出科创贷、创业贷、微贷等金融产品	特定行业成长型、初创型企业

续表

高新区	主要政策、措施	支持对象
佛山国家高新区	发布《佛山高新技术产业开发区"十四五"金融发展规划（2021—2025）》，以"金融服务科技创新创业""金融服务科技成果转化""金融支持产业高质量发展"三个方面重点工作为主线，针对不同发展时期的企业提出一系列创新举措，包括引导银行加大对高新区信贷支持、鼓励科技成果转化的金融服务、加大独角兽（潜在、种子）企业培育力度等	初创期、成长期、成熟期企业
	以企业创新积分制为抓手，面向不同规模企业采取不同计分标准进行同类型比较、差异性评价，构建全周期、精准化的企业创新画像，并把企业创新积分评价结果融入各项政策，对创新能力强的企业进行全周期精准扶持	初创期、成长期、稳定期企业
松山湖高新区	出台《东莞松山湖支持企业融资发展实施办法》，为各类主体提供融资担保贷款补贴、信用贷款贴息、专利权质押贷款补贴、科技保险补贴等	科技型企业、传统优势企业、倍增企业；融资担保公司、银行
	设立松山湖天使投资基金，为纯政府基金，通过建设"松山湖天使"项目库，充分利用科技金融信息服务平台进行管理，遴选优质且带动性强的早期创新项目进行培育	处于种子期、初创期的项目、企业
	政企合作设立"评级贷"，依托大数据，构建企业信用脸谱，评出"评级贷"授信额度，即可向合作银行申请信用贷款	科技型中小微企业

数据来源：根据公开资料整理。

三、小结

1. 松山湖高新区新一代信息技术产业一家独大，尚未形成梯次发展的产业格局

新一代信息技术产业是松山湖高新区的第一主导产业，对松山湖高新区经济增长具有重要的支撑和拉动作用，但是第一主导产业占比和第二主导产业占比相差过于悬殊，导致经济增长、财政收入和居民就业严重依赖第一主导产业，抵御外部风险的能力整体较弱，加快培育其他主导产业迫在眉睫。

2. 松山湖高新区产业结构升级成效显著，产业竞争力有待进一步提升

松山湖高新区高技术制造业营收占比高达九成，产业技术密集度高，但是高技术服务业占比在 6 家主要国家高新区中排名末位，弱势极度明显，难以匹配和支撑现有制造业的升级转型，高技术服务业等现代服务业对制造业的支撑作用有待进一步增强。松山湖高新区工业增加值率和企业利润率偏低，企业产出效益有待增强，高企体量较小且增量不足，高成长性企业少，与其他主要国家高新区相比缺乏竞争力。

3. 松山湖高新区企业尚未实现梯度发展，发展质量和效益有待提升

松山湖高新区在企业数量、企业结构和企业发展质量上与其他高新区均有一定差距。在企业数量方面，企业存量不多、增量不足，松山湖高新区入统企业数和高企数与其他 5 个主要国家高新区相比处于末位，且松山湖高新区高企数（5.76%）和科技型中小企业数（8.18%）占东莞市的比重也远低于全省高新区平均值（27.95%和 28.71%）。在企业结构方面，松山湖高新区领军型企业少，直接影响了产业链的集聚效应和辐射能力，而瞪羚企业、独角兽企业、专精特新企业等高成长性企业培育不足，将影响未来区域产业的发展潜力。此外，中等规模企业数量偏少，松山湖高新区企业规模尚未形成梯形结构，不利于企业的提档升级。在企业发展质量方面，企业利润率（3.12%）和工业增加值率（16.4%）与其他 5 家主要国家高新区相比均处于末位，企业盈利能力不强、附加值不高，投入产出效益有待提升。

4. 松山湖高新区政策体系相对完善，在产业政策和企业培育政策上有待进一步加强

松山湖高新区针对特定产业扶持政策较少，产业规划、产业政策、产业招商等方面的措施尚有缺失或不成体系，缺乏系统性、前瞻性的产业战略布局，尤其是在新领域新赛道方面，还未能及时抢抓"新风口"，新兴产业培育机制尚未建立，企业培育奖励政策缺乏竞争力，认定条件缺乏差异化和弹性化，建议加大激励力度和政策弹性，以便更好发挥政策引导作用。

第六章

东莞松山湖高新区开放创新与区域竞争力分析

> 开放创新与区域竞争力指的是高新区全球范围内创新合作、创新资源整合、区域竞争力的水平，包括研发投入与成果国际化、国际双向投资合作、企业国际竞争力、区域影响力4个二级指标和11个三级指标（详见附录A中的表A-1）。一方面，松山湖高新区国际化优势显著，在引进境外技术和境内外产学研合作经费投入方面，在全国高新区中排名第1位，境外研发支出排名全国第2位；国际专利产出效率高，是当地境外投资的主力军。同时与深圳、广州互动紧密，区域竞争力日益凸显。另一方面，松山湖高新区还存在海外知识产权布局偏弱、对外贸易集中度过高，对世界500强企业吸引力不足，企业产品国际竞争力有待增强等问题。

一、研发投入与成果国际化

1. 国际研发投入方面

松山湖高新区面向全球开展研发创新，在创新资源布局上坚持"引进来"和"走出去"相结合。2021年，松山湖高新区引进技术、消化吸收再创新和境内外产学研合作经费支出总额占营业收入比例为6.47%，在全国高新区中排名第1位。2019年，松山湖高新区委托境外开展研发活动费用支出为29.3亿元（见图6-1），在全国高新区中排名第2位，远高于其他5家主要国家高新区。

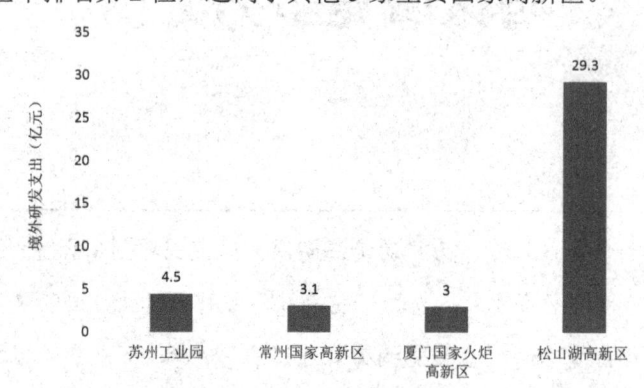

图 6-1 2019 年主要国家高新区境外研发支出

2. 海外知识产权布局方面

从PCT专利申请总量看，松山湖高新区2017—2019年PCT专利申请量分别为194件、179件、118件，呈下降趋势，总量上远低于苏州工业园和佛山国家高新区。从国际专利产出效率看，2019年，松山湖高新区每万人拥有欧、美、日专利数量为355件，在全国高新区中排名第2位，在6家主要国家高新区中处于领先地位，如表6-1所示。

表 6-1 主要国家高新区海外知识产权布局情况

高新区名称	2020 年度 PCT 专利申请量／件	2019 年每万人拥有欧、美、日专利数量／件
苏州工业园	1151	50

续表

高新区名称	2020 年度 PCT 专利申请量 / 件	2019 年每万人拥有欧、美、日专利数量 / 件
常州国家高新区	191	—
厦门国家火炬高新区	172	44
珠海国家高新区	73	—
佛山国家高新区	522	—
松山湖高新区	100~200（估算）	355

数据来源：相关统计年鉴、《中国国家高新区开放创新发展报告 2020》。

二、国际双向投资合作

1. 外贸方面

广东和江苏两省的高新区进出口规模很大，松山湖高新区和苏州工业园在外贸方面均呈现出显著优势。松山湖高新区的电子信息基地被授予"国家外贸转型升级基地（电子信息）"，成为该批次广东入选的 5 家外贸转型升级基地之一。通过引进中国科学院云计算中心、电子科技大学广东电子信息工程研究院等几十家新型研发机构，有力推动松山湖高新区成为东莞外贸转型升级的强大引擎，拉动松山湖高新区电子信息产业迅猛发展。苏州工业园着力于体制机制改革，先后获得全国首批出口加工区、全国首家中外合作办学试点，率先在全国开展开放型经济新体制综合试点试验、中新跨境人民币创新业务试点、贸易多元化试点等国家级试点，持续激发外贸外资的动力和活力。2019 年，松山湖高新区和苏州工业园进出口规模分别为 2837.9 亿元和 3847.9 亿元，列全国高新区第 7 位和第 5 位。

从主要外贸企业上看，根据中国对外经济贸易统计学会发布的《2020 年中国对外贸易 500 强研究报告》，2019 年，松山湖高新区上榜公司有华为终端有限公司、东莞华贝电子科技有限公司、天弘（东莞）科技有限公司、东莞和勤电子有限公司。其中，华为终端有限公司的对外出口占松山湖高新区出口总额的 80.30%。苏州工业园约 11 家企业进入全国对外贸易 500 强，其中园区排名第 1 位的三星电子（苏州）半导体有限公司的对外出口占全园区出口总额的 9.04%。可见，松山湖高新区的对外贸易集中度过高，导致单个企业的进出口情况对园区的外贸影响较大。松山湖高新区与苏州工业园主要对外贸易企业出口情况如表 6-2 所示。

表 6-2 松山湖高新区与苏州工业园主要对外贸易企业出口情况（2019 年）

全国排名	企业名称	进出口额/美元	出口额/美元	进口额/美元	所在园区	出口占所在园区出口总额比例
9	华为终端有限公司	24151688428	15967455805	8184232623	松山湖高新区	80.30%
220	东莞华贝电子科技有限公司	1669266489	1204835533	464430956	松山湖高新区	6.06%
339	天弘（东莞）科技有限公司	1132225392	581272961	550952431	松山湖高新区	2.92%
413	东莞和勤电子有限公司	967446486	910329616	57116870	松山湖高新区	4.58%
14	三星电子（苏州）半导体有限公司	17553132419	3848976285	13704156134	苏州工业园	9.04%
120	苏州通富超威半导体有限公司	2792459821	991389568	1801070253	苏州工业园	2.33%
130	友达光电（苏州）有限公司	2662348923	741541326	1920807597	苏州工业园	1.74%
153	博世汽车部件（苏州）有限公司	2287117933	775415934	1511701999	苏州工业园	1.82%

数据来源：根据相关统计年鉴、公开资料整理。

2. 企业对境外重要项目投资与合作方面

松山湖高新区和苏州工业园都是当地企业走出去的重要策源地。2021 年，松山湖高新区共有 11 家企业进行境外投资，位列东莞各镇街首位。2020 年，苏州工业园共有 84 家企业累计在境外投资项目 98 个，新批境外投资额 5.71 亿美元。松山湖高新区和苏州工业园的境外投资主力军均是民营企业。松山湖高新区投资的国家和地区主要为中国香港、美国、越南、德国、印度、印度尼西亚、新加坡、泰国、埃塞俄比亚、马来西亚，投资项目以制造业为主；苏州工业园投资的国家和地区主要为美国、新加坡、墨西哥、越南、开曼群岛等，投资项目主要为科学研究、技术服务、地质勘查等第三产业。此外，为响应"一带一路"倡议，苏州工业园布局建设了中国—阿联酋产能合作示范园、缅甸新加坡工业园、中国—印尼"一带一路"倡议科技产业园三大境外产业园，促使企业形成海外产业链优势。

> **专栏 1**
>
> **2020 年苏州工业园境外投资情况**
>
> 2020 年，苏州工业园 84 家企业在美国、新加坡、墨西哥、越南、开曼群岛等 23 个国家和地区累计投资项目 98 个，新批境外投资额 5.71 亿美元。其中，"一带一路"倡议沿线国项目 23 个，新批境外投资额 1.56 亿美元；《区域全面经济伙伴关系协定》(RCEP)成员方项目 29 个，新批境外投资额 1.71 亿美元。按产业类型区分，第二产业投资项目 38 个，主要集中在医药制造业、专用设备制造业等行业，协议投资额 1.7 亿美元，占比约为 30%；第三产业投资项目 60 个，主要集中在科学研究、技术服务、地质勘查等第三产业，协议投资额 4 亿美元，占比约为 70%。

三、企业国际竞争力

1. 企业出口方面

2019 年，松山湖高新区企业出口总额为 1368.03 亿元，仅次于苏州工业园，居全国高新区第 2 位，如图 6-2 所示；2020 年，松山湖高新区企业营业收入中高企的出口总额占比为 16.00%，与珠海国家高新区比较接近，但是与苏州工业园和厦门国家火炬高新区有一定差距，如图 6-3 所示。

2. 世界 500 强企业资源集聚方面

松山湖高新区有 2 家世界 500 强投资企业，分别是华为终端有限公司和碧桂园投资的中以国际科技合作产业园。截至 2021 年，苏州工业园累计引进 101 家世界

500强企业的166个项目,共有97家外资企业被认定为省、市、区各级总部机构,其中省级跨国公司地区总部及功能性机构56家,约占江苏省的17%。佛山国家高新区拥有本土成长起来的世界500强企业2家、境外世界500强投资企业63家。相比之下,松山湖高新区明显落后于其他5家主要国家高新区,如表6-3所示。2020年,松山湖高新区实际利用外资额8.95亿元,与珠海国家高新区相当,略高于佛山国家高新区,但是与苏州工业园、常州国家高新区、厦门国家火炬高新区有明显差距,如图6-4所示。

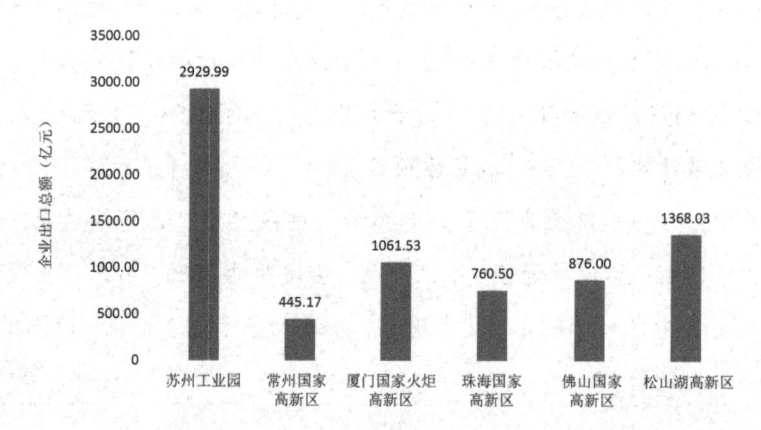

图 6-2　2019 年主要国家高新区企业出口总额

(数据来源：科技部火炬统计中心)

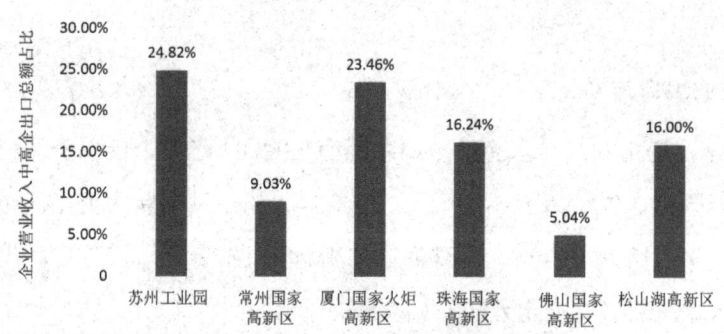

注：由于该数据无法从公开渠道直接获取,因此本研究采取估算方法得出。
估算公式：企业营业收入中高企出口总额占比=出口总额/营业收入×高新技术产业产值占规上工业总产值比重。

图 6-3　2020 年主要国家高新区企业营业收入中高企出口总额占比

(数据来源：科技部火炬统计中心、各高新区官网)

表 6-3 主要国家高新区 500 强企业投资和实际利用外资情况（2021 年）

高新区名称	世界 500 强企业数及投资企业（项目）数
苏州工业园	101 家（166 个项目）
常州国家高新区	32 家
厦门国家火炬高新区	31 个项目
珠海国家高新区	6 家
佛山国家高新区	65 家（本土 2 家，境外 63 家）
松山湖高新区	2 家

数据来源：相关新闻报道。

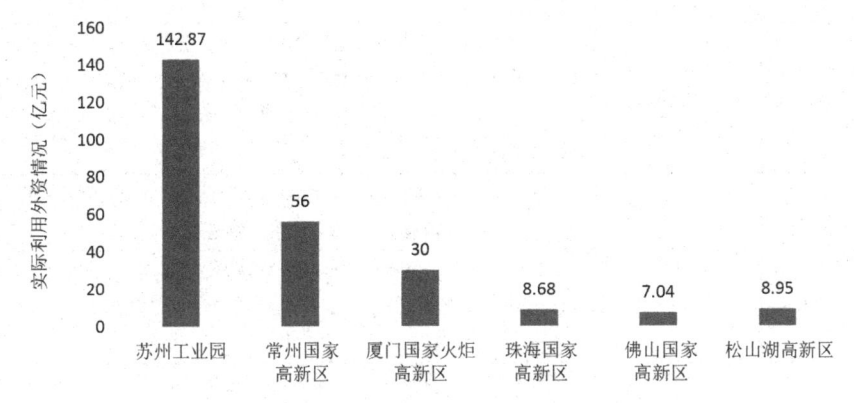

图 6-4 2020 年主要国家高新区实际利用外资情况

（数据来源：各高新区及所在市年鉴）

3．企业产品国际竞争力方面

松山湖高新区的华为终端有限公司的对外出口占园区出口总额的 80.30%（2019 年），因此以华为终端有限公司为代表分析松山湖高新区企业产品国际竞争力。松山湖高新区重点企业产品国际竞争力情况如表 6-4 所示。受芯片短缺和美国单边制裁的双重因素影响，华为的消费者业务下滑。Omdia 发布的相关数据显示，2021 年，华为的手机出货量已经下降至 3500 万部，与 2020 年相比大幅下降了 81.6%，全球市场份额也从 2020 年的 15%下降至 2021 年的约 3%。手机业务的萎缩对华为整体的营收产生了重大影响。财报数据显示，2021 年华为的全球销售收入为 6368 亿元，同比下降了 28.6%。其中，消费者业务实现收入为

2434.31 亿元，同比大幅下降了 49.6%，营收占比下降至 38.2%，回落为第二大收入来源。目前，华为将面向政府、企业等领域开拓新的商用产品业务，将在消费者业务领域积累的产品经验和服务能力，以及在运营商业务和企业业务领域具备的天然的商务属性，运用到商用终端领域，助力华为寻找新增长点，弥补手机业务萎缩带来的损失。

表6-4 松山湖高新区重点企业产品国际竞争力情况

产　业	重点企业名称（简称）	基　本　情　况
电子信息	生益科技	生产覆铜板、半固化片、绝缘层压板、金属基覆铜箔板、涂树脂铜箔、覆盖膜类等高端电子材料。产品主要供制作单、双面电路板及高多层电路板，广泛用于家电、手机、汽车、计算机及各种中高档电子产品中。硬质覆铜板销售总额已跃升全球第2位
电子信息	华贝电子	全球领先的多品类智能通信终端研发设计公司（智能通信终端原厂委托设计），产品涵盖智能手机、平板电脑、笔记本电脑及 IoT 产品
生物技术	广东东阳光药业	由东阳光集团和香港投资商共同投资建设的新型制剂生产企业。公司产品已通过中国、欧盟、美国、澳大利亚和世界卫生组织的 GMP 认证，并在多国市场上市销售
生物技术	广东三生制药	建设亚洲最大、符合欧盟现行 GMP 标准的重组人促红素（rhEPO）、二代重组人促红素、低分子肝素钙、单克隆抗体、磺达肝癸钠产品的研发与产业化项目
生物技术	广东开立医疗	主营业务为医疗诊断及医疗设备的自主研发、生产与销售。主要产品包括内窥镜、镜下治疗器具、体外诊断设备及试剂等
生物技术	广东红珊瑚药业	由新加坡汇亚集团下属汇基国际药业有限公司投资成立的外商独资公司，地处东莞市松山湖高新区，拥有颗粒剂、片剂、胶囊剂、提取生产线各一条，以生产、销售药品及保健食品为主，其中益气维血颗粒、养肾补血颗粒和精肝颗粒剂等产品已在临床上应用多年
生物技术	万孚生物	生物医药体外诊断试剂行业 POCT 领域产品研发、生产和销售。投资 8 亿元建设广东东莞市万孚生物松山湖基地工程
生物技术	菲鹏生物	中国市场占有率最大的体外诊断（IVD）试剂原料和解决方案供应商，建有化学发光、酶联免疫、荧光 POCT、荧光实时 PCR、基因测序、免疫比浊等一系列检测平台，开发体外诊断试剂原材料产品 700 余种，包括抗原、抗体、诊断酶三大类，广泛用于免疫诊断、生化诊断、分子诊断、高通量测序等平台

续表

产　业	重点企业名称（简称）	基 本 情 况
智能装备	李群自动化	由机器人专家学者联合创立，掌握机器人控制、驱动、视觉等核心技术。2013年，研发出全球首台驱控一体并联机器人；2015年，独立设计并交付全国第一条全机器人自动化月饼包装生产线；2016年，自主研发的SCARA机器人、Delta机器人荣获中国首批机器人产品质量认证；2017年，成功推出新一代分布式驱控一体智能机器人控制器。目前，公司生产的第一台机器人累计运行时长已超过40000小时
智能装备	云鲸智能科技（东莞）	立志成为地面清洁机器人全球领导者的创新型创业公司。2020年，团队成员约为300人，公司氛围开放，鼓励创新，获得专利超过70项
智能装备	东莞松山智能机器人	专注3C行业智能制造、机器人系统集成应用、智能自动化装备集成应用，并结合系统的工厂规划，物流设计、工厂管理经验，为客户提供智能工厂的整体解决方案和设备
新能源、新材料	东莞新能源科技	致力于可充式锂离子电池的电芯、封装和系统整合的研发、生产与营销，在全球专业锂离子电池制造商中，其技术、产能与销量均处于领先地位
现代服务业	中软国际	中国大型综合性软件与信息服务企业，提供从咨询、解决方案、技术服务到IT人才培养的"端到端"软件及信息服务，目前已经覆盖政府、制造流通、金融银行、保险证券、移动应用、电信、高科技、公用事业、能源等多个行业
现代服务业	易宝软件	全球领先的软件和IT外包供应商，提供软件开发、信息技术和个性化、专业化服务，业务遍布全国十几个城市和地区
现代服务业	软通动力	为客户提供端到端的数字化解决方案与服务，包括数字化转型咨询、数字化解决方案设计与实施、云与IT基础设施建设与运维、软件开发与测试服务、数字化运营服务等

苏州工业园作为江苏省唯一的外资总部经济集聚区，自成立以来至2022年，外资贡献了辖区约60%的税收收入、80%的进出口总额及90%的工业产值，规上外资企业891家，占规上企业总数的近40%，因此，苏州工业园企业的产品国际竞争力主要通过外资企业体现。例如，三星的半导体业务（手机芯片、存储芯片、基站芯片、汽车芯片等）全球领先；友达光电作为全球领先的TFT-LCD面板制造业者，大尺寸面板市场占有率为16.2%；SIG康美包在无菌食品饮料纸盒包装及灌装系统供应方面全球领先；飞利浦在个人护理、厨房、家电3个领域全球领先。

四、区域影响力

1. 与周边大城市互动方面

松山湖高新区与深圳、广州互动比较频繁。一是体现在共建粤港澳大湾区综合性国家科学中心方面。2020年7月，国家发展改革委、科技部批复同意松山湖科学城与深圳光明科学城共同建设粤港澳大湾区综合性国家科学中心先行启动区，广州南沙科学城作为主要承载区，3家科学城全面联动，共建、共享大科学装置，服务大湾区乃至全国源头创新。二是体现在人员互动和技术合作方面。从松山湖高新区所在地东莞与周边城市的互动来看，其与深圳的互动最为密切。《2020年第三季度中国城市活力研究报告》显示，中国十大热门迁徙城市对中，东莞与深圳的人流互动列第2位，东莞与广州的人流互动列第7位。《粤港澳大湾区协同创新发展报告（2021）》显示，东莞与深圳跨城市专利合作率为3.71‰，照明装置、无线通信网络、电数字数据处理等是两地专利合作的主要方向，合作涉及电子信息技术、互联网、基本电气等领域。东莞与广州跨城市专利合作率为6.88‰，数据处理系统和方法、测量测试、电数字数据处理、电路装置、电缆电线安装、导电连接等是两地专利合作的主要方向，合作涉及计算推算、测量测试、发电配电、电通信技术等多个领域。

苏州工业园以输出"园区经验"方式，在周边城市建立产业园区，促进区域间互动协同发展。截至2020年年底，苏州工业园有各类合作园区10个，其中，江苏省内3个（苏州宿迁工业园区、苏锡通科技产业园、苏州工业园区苏相合作区），江苏省外4个（中新苏滁高新技术产业开发区、中新嘉善现代产业园、苏银产业园、霍尔果斯经济开发区），各类合作园区面积共计293平方千米，各产业园区发展取得显著成效。苏州工业园在周边城市及长三角地区成功复制、传播、发扬"园区经验"，实现共赢发展。

2. 区域经济中的竞争力方面

以我国区域经济中实力很强的粤港澳大湾区和长三角地区为代表分析高新区的区域竞争力。粤港澳大湾区城市群共 9 家国家高新区（该数据不含香港、澳门地区的数据），根据 2021 年国家科技部火炬中心的高新区评价结果，松山湖高新区列粤港澳大湾区高新区第 4 位、全国高新区第 25 位；珠海国家高新区列粤港澳大湾区高新区第 3 位、全国高新区第 17 位；佛山国家高新区列粤港澳大湾区高新区第 5 位、全国高新区第 29 位，由此可见，松山湖高新区竞争力位于粤港澳大湾区中上游，是广深港澳科技创新走廊的重要创新平台。随着松山湖科学城建设的全面推进，松山湖高新区将充分发挥自身区位优势和科创引领作用，加快聚集全球高端创新资源，推动创新创业生态环境日益优化，成为粤港澳大湾区创新发展高地。长三角地区共有 34 家国家高新区，根据 2021 年国家科技部火炬中心的高新区评价结果，苏州工业园列长三角高新区第 2 位、全国高新区第 4 位；常州国家高新区列长三角高新区第 10 位、全国高新区第 21 位。两家高新区的竞争力均处于长三角地区的上游，特别是苏州工业园，作为长三角地区高质量发展的先行军、排头兵，兼具产业发展和科技创新的功能，辖区拥有国内外一流科研院所 40 多家、优秀科创企业约 10000 家，各类人才总数连续多年在全国开发区中保持第 1 位，形成了新一代信息技术、高端装备制造、生物医药、纳米技术应用"四个千亿元级"特色产业集群。苏州工业园以共建园区的方式面向长三角地区进行产业输出，为长三角地区协同创新贡献了重要力量。

五、小结

1. 松山湖高新区在研发投入国际化方面优势显著

松山湖高新区在引进境外技术、境内外产学研合作经费投入方面在全国高新区中排名第 1 位，境外研发支出在全国高新区中排名第 2 位。

2. 松山湖高新区海外知识产权布局偏弱，但国际专利产出效率较高

松山湖高新区 PCT 专利申请量近 3 年（2019—2022 年）呈下降趋势，总量上远低于苏州工业园和佛山国家高新区；海外知识产权布局偏弱，缺少具有国际市场认可的产品或技术；企业参与国际市场竞争程度不高、竞争力不强；每万人拥有欧、美、日专利数量在全国高新区中排名第 2 位，在 6 家主要国家高新区中处于领先地位。

3. 松山湖高新区是当地境外投资主力军，但对外贸易集中度过高

松山湖高新区在境外投资方面位列东莞市各镇街首位，但是与苏州工业园还有较大差距。松山湖高新区在对外贸易方面具有一定优势，进出口规模在全国高新区中排名第 7 位，共 4 家企业进入中国对外贸易 500 强，然而松山湖高新区出口几乎全部集中在电子信息行业，且华为一家公司占据其中的绝大部分份额，松山湖高新区的对外贸易受单一行业和单家企业影响较大，特别是在华为受芯片短缺和美国单边制裁的双重因素影响下，过高的对外贸易集中度将加剧风险。

4. 松山湖高新区对世界 500 强企业吸引力不足，企业产品国际竞争力有待增强

世界 500 强企业或跨国企业（研发）总部等在松山湖高新区的布局少之又少，2022 年，松山湖高新区仅有 2 家世界 500 强投资企业，与苏州工业园和佛山国家高新区差距较大，处于 6 家主要国家高新区的末位。企业（研发）总部集中了企业价值链中知识含量最高的区段，属于高度密集的知识型活动，技术和人才资源通常是其首要考虑因素，还会考虑区域的产业配套、现代服务业水平、政策环境等。松山湖高新区目前在这些方面仍有差距，对跨国企业、大型总部企业的吸引力十分有限；高企出口占营业收入比例处于中游位置，具有国际竞争力的创新型企业相对较少，在出口领域一家独大的华为，受芯片短缺和美国单边制裁的双重因素影响，消费者业务下滑，松山湖高新区企业产品国际竞争力有待增强。

5. 松山湖高新区与深圳、广州互动紧密，区域竞争力日益凸显

松山湖高新区通过共建粤港澳大湾区综合性国家科学中心、开展人员互动和技术合作加强与深圳、广州的互动合作。随着松山湖科学城建设的全面推进，松山湖高新区将充分发挥自身区位优势和科创引领作用，不断提升区域竞争力，成为粤港澳大湾区创新发展高地。

第七章

东莞松山湖高新区吸引力与可持续发展分析

> 吸引力与可持续发展指的是高新区吸引和集聚创新资源的水平，包括发展潜力、人才吸引力、公共服务配套3个二级指标和9个三级指标（详见附录A中的表A-1）。松山湖高新区项目投资数量、项目总投资额、单个项目平均投资额等均处于领先地位，发展前景良好；人才配套政策不断完善，在高层次人才吸引方面具备一定优势；城市公共服务具有一定的供给能力，但是配套水平仍有待提升。

一、发展潜力

1. 重大项目建设方面

重大项目是高质量发展的"推进器",松山湖高新区重大项目投资建设发展势头较好,涵盖产业发展、城市建设、社会民生等多个领域。

2021年,松山湖高新区共有272个项目入选东莞市2021年重大项目投资计划,总投资额近1900亿元,平均每个项目投资规模约为6.99亿元。2022年,松山湖高新区共有110个重大项目入选,总投资额为1075.61亿元,平均每个项目投资规模约为9.78亿元,如表7-1所示,无论项目数量、项目总投资额、单个项目平均投资额等,松山湖高新区在6家主要国家高新区中均处于领先地位。

苏州工业园在总部项目、产业科技项目建设方面表现突出。

2022年第一季度,苏州工业园签约、开工、竣工投产项目合计184个,总投资额近1000亿元,涵盖区域总部、研发服务、先进制造、科技创新、跨境投资、现代服务等领域。其中,签约重点项目80个,总投资额为412亿元,项目大多来自世界500强企业、国内外行业领军企业和领军团队,产业层次高、项目结构优,一批细分行业龙头在园区布局研发创新,开放与创新进一步实现互动融合。

表7-1　2021—2022年主要国家高新区重大项目投资建设情况

高新区名称	重大项目建设情况	重大项目投资情况	项目类型
松山湖高新区	2021年,共有272个项目入选	总投资额近1900亿元,平均每个项目投资规模约为6.99亿元	涵盖基础设施工程、城市建设工程、产业工程、医疗卫生项目、教育项目等,其中产业工程主要涵盖新一代信息技术工程、生物产业、高端装备制造、现代服务业、新材料产业
	2022年,共有110个项目入选	总投资额为1075.61亿元,平均每个项目投资规模约为9.78亿元	

续表

高新区名称	重大项目建设情况	重大项目投资情况	项目类型
苏州工业园	2022年第一季度，签约、开工、竣工投产项目合计184个	总投资额近1000亿元，平均每个项目投资规模为5.43亿元	涵盖区域总部、研发服务、先进制造、科技创新、跨境投资、现代服务等领域
常州国家高新区	2021年，集中开工70个重点项目	总投资额为576亿元，平均每个项目投资规模约为8.23亿元	涵盖智慧能源、新材料两大特色产业，涵盖新能源汽车及汽车核心零部件、新医药及医疗器械、新一代信息技术三大新兴产业，也涵盖了科创平台等现代服务业
珠海国家高新区	2021年，重点签约、动工项目105个	总投资额为536亿元，平均每个项目投资规模约为5.10亿元	涉及深珠协作示范、软件与集成电路、生物医药与医疗器械、智能制造与机器人、总部经济等各类项目

数据来源：根据公开资料整理。

2. 土地开发利用方面

松山湖高新区土地集约利用水平较高，自然资源部发布的2020年度国家级开发区土地集约利用监测统计显示，松山湖高新区土地集约利用水平列全国第11位、全省第4位。在土地利用程度方面，松山湖高新区土地开发率[①]达到96.67%，土地供应率为96.71%，如图7-1所示；在土地利用潜力[②]方面，松山湖高新区待建地占比为7.42%，略高于珠海国家高新区（6.66%）、佛山国家高新区（5.79%），远高于常州国家高新区（0.71%），如图7-2所示。

---

① 土地开发率是指已经达到供地条件的土地面积与除不可建设土地以外的用地面积之比，反映开发区土地的开发状况。
土地供应率是指已供应国有建设用地面积与已达到供地条件的土地面积之比，反映开发区已达到供地条件土地的供应情况。
② 土地建成率是指已建成城镇建设用地面积与已供应国有建设用地面积之比，反映开发区对已供应国有建设用地的建成状况。
待建地占比是指开发区内待建地面积与可开发建设土地面积之比，该数值反映开发区内已平整土地但尚未建设的土地情况。

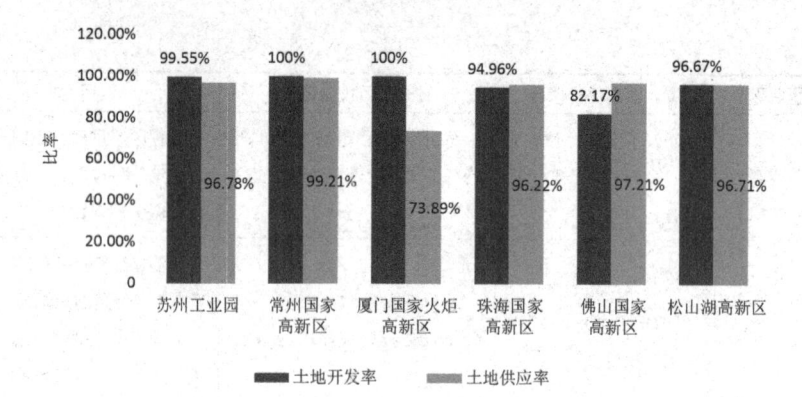

图 7-1 主要国家高新区土地利用程度

（数据来源：自然资源部发布的 2020 年度国家级开发区土地集约利用监测统计）

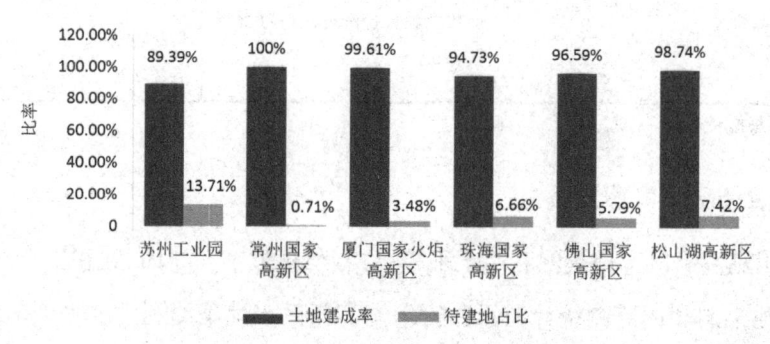

图 7-2 主要国家高新区土地利用潜力

（数据来源：自然资源部发布的 2020 年度国家级开发区土地集约利用监测统计）

> **专栏 1**
>
> ## 松山湖功能区[①]产业与城市空间分析
>
> 松山湖功能区包括松山湖（生态园）和周边的石龙、寮步、茶山、大朗、大岭山、石排、企石、横沥、东坑 9 个镇，总占地面积为 589 平方千米，建设

[①] 2019 年 4 月 19 日，东莞市第十六届人大常委会召开第二十三次会议，会议批准《东莞市人民政府关于提请审议〈东莞市关于通过强化功能区统筹优化市直管镇体制改革的总体方案（实行）〉的议案》，指出要加快"1+9"功能区统筹发展，本报告在对土地资源进行分析时将功能区纳入研究对象。

用地面积为 278 平方千米，开发强度约为 47%。

1. 增量空间难利用

从产业空间来看，"1+9"片区增量空间约为 26 平方千米，其中国有储备用地约为 8 平方千米（松山湖高新区及生态园约为 6 平方千米，各镇国有储备用地约为 2 平方千米）。集中连片的增量空间主要集中在松山湖高新区、生态园、茶山与大岭山等地区，大朗、东坑、横沥、寮步、生态园及石排等地区均缺乏大于 300 亩（约为 0.2 平方千米）的未出让可建设用地。松山湖功能区约有 4.8 平方千米可开发用地，其中配套用地占 60% 以上，仅剩 1.4 平方千米科研用地，基本上已无工业用地可用。各镇的工业园普遍为建成区，且以村级工业园为主，缺乏成规模、高质量的厂房。

2. 产业用地供给匹配性弱

从厂房供给来看，松山湖高新区企业亟须集中成片的高质量标准厂房（或工业用地 M1），现有工业厂房品质不高，表现出规模小、不稳定、配套差等特征，难以满足优质企业的生产需求。一是规模小，松山湖高新区工业用地少，周边九镇工业厂房规模不大，布局零散；二是产权界限不清晰，普遍存在分租现象，导致物业统筹难度高，租期稳定性差，难以满足企业的长期投资生产需求；三是建筑质量差，承重水平及高度均难以达标，配套设施不足，加大了企业招工用工、引入高素质人才的难度；四是工业园区缺乏专业化服务机构，无法为企业提供专业化服务，招商效率不高，营商环境有待优化。

从用地结构来看，片区总用地面积约为 589 平方千米，建设用地面积为 278 平方千米，开发强度约为 47%。其中，工业用地约占片区建设用地的 40%，呈现出典型的工业城市特征；公共管理与公共服务设施用地约占片区建设用地的 5%；绿地与广场用地约占片区建设用地的 4%，远低于国家 10%~15% 的标准。

二、人才吸引力

1. 高科技人才集聚方面

松山湖高新区在高科技人才集聚方面有一定优势，如表 7-2 所示。截至 2020 年年底，松山湖高新区拥有各类就业人才约 18 万名，集聚了超过 50 名院士、68 名国家级人才、3 万名高层次人才。其中，每万名人才中国家级人才约为 3.78 名，与苏州工业园相近（约为 4.38 名）。苏州工业园通过科技领军人才集聚，以科技领军人才创新创业工程为切入点，选拔符合园区产业方向、扎根性强的高端人才项目，持续赋能园区高质量发展，早在 2007 年就启动了"金鸡湖科技领军人才创新创业工程"，全面探索"小地方"的"大人才"战略，牢牢把握高精尖缺科技人才"第一动力"，持续赋能高质量发展，截至 2021 年，累计支持 1954 个创新创业领军项目，其中重大领军项目 59 个，并诞生了园区 60%的上市企业，94%的独角兽企业及准独角兽企业，迸发出无限的创新能量。

表 7-2 主要国家高新区高科技人才集聚情况

高新区名称	人才情况	省级以上高科技人才	高科技人才占比
松山湖高新区	2020 年，拥有各类就业人才约 18 万名，集聚了超过 50 名院士、68 名国家级人才、3 万名高层次人才	各类国家级人才 68 名（其中双聘院士 16 名）；省"珠江人才计划"领军人才 12 名；省创新科研团队 27 个	每万名人才中国家级人才约为 3.78 名
苏州工业园	截至 2022 年，人才总量超过 50 万人，集聚各类领军人才近 3000 名，外国高端人才 1600 余名，约占全省的 1/6	国家级重大人才引进工程人才累计 219 名。2020 年，省"双创工程"人才累计 281 名，省"双创工程"团队累计 17 个	每万名人才中国家级人才约为 4.38 名
厦门国家火炬高新区	2020 年，引进和培育的高层次人才总量在全市率先突破千人，达 1439 名	国家级重点人才 62 名，省级人才 200 名，市级人才 1177 名	—

数据来源：苏州工业园年鉴 2021、松山湖高新区年鉴 2021 等公开资料。

2. 人才引育政策方面

松山湖高新区目前以实施东莞市系列人才政策为主,东莞市出台的系列人才政策是新一轮"十百千万百万"人才工程的配套政策,加强了资金扶持力度,提高了补贴覆盖面。苏州工业园、厦门国家火炬高新区等的人才政策也涵盖多层次人才,在政策内容上,资金激励是普遍做法,主要工具是现金补贴或者减税;在人才服务上,重点围绕住房保障、子女入学等方面。在对青年人才的普惠性支持方面,苏州工业园、厦门国家火炬高新区、珠海国家高新区等对到园区企业面试、实习、就业的毕业生人才提供面试补贴、免租公寓、生活补贴、见习补贴等政策支持。在对科技人才项目的支持方面,常州国家高新区、佛山国家高新区以支持科技人才项目、产业化创业团队等措施加强对创新人才团队的引进和支持。主要国家高新区支持企业人才政策对比如表 7-3 所示。

表 7-3 主要国家高新区支持企业人才政策对比

高新区名称	主要政策、措施	政策亮点
苏州工业园	出台《关于进一步推进实施苏州工业园区"金鸡湖人才计划"的意见》,实施"领军登峰""企业撷英""青春园区"人才支持计划	对科技领军人才高质量科创项目给予支持。鼓励青年面试、实习,给予应届毕业生面试补贴。对新引进符合园区重点产业发展需求的青年人才发放 2 年生活补贴
	出台《关于外国人才工作生活便利化服务若干举措》	针对外国人才完善服务措施,支持外国高端人才互认等 3 项服务内容属全国首发
常州国家高新区	出台《常州国家高新区管委会关于印发常州高新区(新北区)科技人才孵化引导基金管理办法的通知》,设立常州高新区(新北区)科技人才孵化引导基金,投资注册于常州高新区内的初创型科技人才项目	以成立科技人才基金的形式,支持高新区引进优质科技人才项目
厦门国家火炬高新区	出台《厦门国家火炬高新区关于推动高质量发展的若干措施》,支持企业引才育才,在支持企业引进硕士、博士毕业生、开展校园招聘、吸纳大学生实习实践、与国内高校联合培养人才等方面给予企业相应补贴	支持企业与国内高校通过校企联合培养项目,联合培养高端研发人才和专业技术人才,对所培养的全日制研究生、"双一流"本科生进入企业工作给予企业一次性人才培养补贴

续表

高新区名称	主要政策、措施	政策亮点
厦门国家火炬高新区	出台《厦门国家火炬高新区支持企业吸纳大学生实习就业工作方案》，对高新区内规上工业企业或规上服务业企业、厦门市"三高"企业（高技术、高成长、高附加值企业）及国家、省、市高层次人才创办的企业等给予支持	提供实习生免租公寓或租房补贴、见习补贴等
	支持企业申报厦门市重点发展产业中层以上技术人才和管理人才奖励、高技术高成长高附加值企业人才综合贡献奖励	对重点发展产业中层以上技术人才和管理人才给予个税奖励。对高技术高成长高附加值企业，其聘任的年工资薪金个人所得税在10万元（含）以上的各类人才，给予工资薪金个人所得税奖励
珠海国家高新区	出台《珠海高新区引进培育企业人才若干措施》，根据顶尖及高层次人才、高端紧缺人才、重点产业人才、青年学历人才、高级技能人才、高校实习人才等类别，对企业及其人才给予相应扶持	对来高新区求职的青年学历人才提供7天免费就餐、免费住宿服务。支持高校（包括市内高校、市外高校、港澳高校）在校学生到区内企业实习，给予学生最长6个月生活补贴，鼓励本市高校推荐在校学生到企业实习，按照每人1000元的标准给予高校补贴
佛山国家高新区	修订出台《佛山高新区高技术产业化创业团队专项引导资金实施办法（2021年修订）》，依托产业化创业团队专项引导资金，对立项进驻的"佛山高新区高技术产业化创业团队"进行配套扶持	以吸引和扶持产业化创业团队的形式，实现高层次人才团队引进和高成长性企业培育
松山湖高新区	根据《东莞松山湖高新区关于推动园区企业规模效益双倍增的政策措施》，对双倍增试点培育企业中获得东莞市产业创新人才、研发人才等经济贡献奖励且符合当年度《松山湖重点产业紧缺专业人才目录》的人才给予配套奖励，对新引进具有全日制普通高等教育博士研究生、硕士研究生、本科学历人才分别给予补贴	—

数据来源：根据公开资料整理。

苏州工业园在全链条人才体系支持、人才认定评价、海外高层次人才引进培育方面形成较好经验。苏州工业园坚持"人才优先"发展战略，**迭代升级"金鸡**

湖人才计划"，突出人才引领战略，充分发挥市场资源配置作用，以经济贡献与市场认可度为导向对企业、人才进行奖励扶持，首次建立对科创领军人才、产业骨干、青年人才全链条支持体系。**在人才认定、评价方面积极探索**，推出全国首个以产业分类的国际职业资格比照认定职称资格目录，构建科学精准的人才评价机制；在全省首创生物医药工程专业技术资格评审标准、首开生物医药工程高级职称评审通道，填补了国内在该领域的空白，畅通了生物医药"第一资源"的成长通道。**在海外高层次人才引进与服务方面逐步完善**，出台外国人才工作生活便利化服务 19 项举措，进一步放宽外国人才在园区就业、创业的条件，其中 3 项服务内容属于全国首发、10 项服务内容属于全省首创；试行长三角外籍高端人才互认，全面认可长三角其他地区对外籍高端人才的认定结果，为长三角外籍高端人才的自由流动提供便利。

3. 人才房政策方面

住房保障是人才引进需要解决的重要问题，各高新区均设立了相应的住房保障制度，着力为园区内的人才提供低价住房保障。近年来，松山湖高新区加快打造高层次人才社区，统筹包括产权型和非产权型在内的多种类型人才房，保障人才住房需求。《松山湖科学城人才社区建设规划》明确提出，将聚焦中心区创新活力社区、西部国际科教社区、南部滨湖未来社区三大示范社区建设，推出总建筑规模约为 70 万平方米的人才房，预计 2025 年提供近 10000 套人才房。

苏州工业园通过实体优租房和虚拟优租房两种方式实施"园区优租房政策"。**实体优租房**指公租房公司提供实物出租的成套住宅，目前园区对外出租在租的实体优租房有 9 个小区。**虚拟优租房**则是将苏州工业园行政辖区内已经取得房屋所有权证、符合出租条件的成套住宅纳入优租房管理，符合条件的候租申请人可以通过市场途径租房居住，领取租房补贴。虚拟优租房的特点是将普通住宅升级为优租房，即符合条件的候租申请人可在指定的区域内租适用房源，同时还可以享受一定的补贴。

三、公共服务配套

1. 公共服务支出方面

根据国家高新区财政预算和决算公开数据，松山湖高新区 2021 年一般公共预算支出为 43.33 亿元（见图 7-3），在 6 家主要国家高新区中排名第 2 位，其中公共服务支出为 3.98 亿元，虽然支出规模与苏州工业园相比差距较大，但是公共服务支出占一般公共预算支出比重达到 9.19%（见图 7-4），在 6 家主要国家高新区中最高。

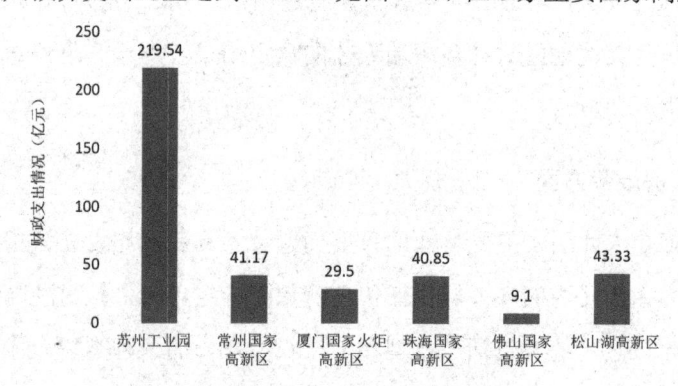

图 7-3 2021 年主要国家高新区财政支出情况

（数据来源：各高新区财政预算和决算公开）

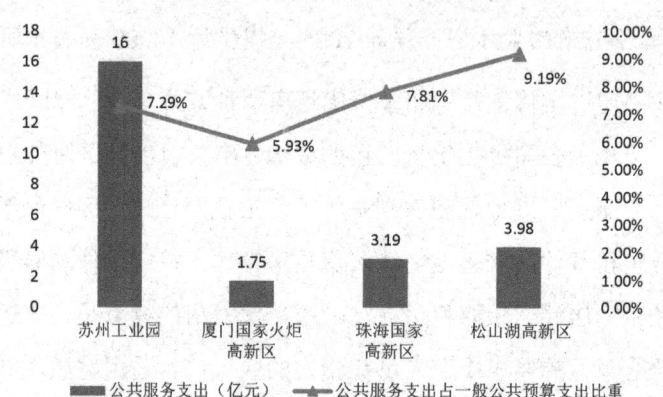

图 7-4 2021 年主要国家高新区公共服务支出情况

（数据来源：各高新区财政预算和决算公开）

2. 医疗配套方面

松山湖高新区近年来积极推动卫生健康事业高质量发展，建有三级甲等（三甲）或三级特等医院 2 所，构建起完整的"一中心多站点"公共医疗服务体系，但是在医疗配套方面短板依然存在，公立医院正在谋划建设。根据计划，松山湖高新区将重点加快东华医院（广东医学院附属松山湖医院）升级工程，加快妇幼儿童医院、公办高水平综合医院、松山湖康养院等项目的选址工作，大力提升与松山湖科学城发展相匹配的医疗服务水平。相比较而言，苏州工业园在公立医疗机构建设方面具有优势。

苏州工业园始终坚持健康优先发展战略，医疗卫生服务体系持续完善。不断加大对公立医疗机构的投入，"一体四翼"的公立综合医院布局全面落实，拥有现代化公立三级医院 1 所、公立二级综合医院 4 所；拥有儿童专科医院 2 所（其中 1 所为三甲）、三甲民营综合医院 1 所、社区卫生服务中心 7 所，基本形成"15 分钟居民卫生健康服务圈"。卫生经费投入年均增幅超过 30%，居民三大健康指标达到发达国家水平。

3. 教育资源方面

松山湖高新区始终坚持教育优先发展战略，为适应高端产业及人才集聚需求，不断完善教育资源配套，推进功能区教育统筹发展，促进区域教育均衡发展。截至 2022 年，松山湖高新区拥有各类学校 40 所。2021 年的东莞政府工作报告提出要推动松山湖功能区成功建设为基础教育高质量发展先行示范区。

苏州工业园自开发建设以来，大力实施教育现代化、均衡化、特色化和国际化发展战略。截至 2021 年 3 月，全区有幼儿园 81 所、小学 15 所、初中 3 所、九年一贯制学校 18 所、普通高中 3 所、完全中学 1 所、十五年一贯制学校 2 所、特殊教育学校 2 所、外籍人员子女学校 2 所，另有开放大学（老年大学）1 所、青少年活动中心 1 所、市属驻区中学 1 所。同时，苏州工业园全力推进教育改革创新，在科创教育方面形成亮点。比如金鸡湖学校对科创教育进行顶层设计，打造特色化的科创教育课程模块，梳理理科（如科学、生物、物理、化学、信息等学科）内容体系，着眼于学科课程内容之间的结构性关联，从单元设计的视角对相关内容进行重组、优化和挖掘，编制学科课程纲要并对学习单元进行整体设计，全力提升学生的科创素养和创新能力。

4. 商业、交通配套方面

松山湖高新区内已有佳纷天地、万科滨湖广场、华润万象汇等一批高品质商业配套投入使用，正在加快推进北部TOD、松山湖高新区中心站TOD、南部城市复合中心等产业融合功能区建设，进一步完善城市功能。松山湖高新区大力推进现代综合交通体系发展，加快构建面向粤港澳大湾区各主要创新平台的"一小时交通圈"和"半小时科研圈"。当前，园区着力完善松山湖科学城路网体系，按照"两横三纵"构建高速公路，"三横三纵三联"建设快速路，"八横六纵"构建结构性干路，完善园区骨干路网。同时，东莞两条地铁线（1号线和2号线）都途经松山湖高新区并在松山湖高新区设站，目前1号线一期在建，计划2024年12月完工，该线串联起松山湖高新区、万江、南城、东城等地。

苏州工业园着眼于"产城融合、以人为本"的定位，按照城市功能布局定位划分不同类别居住区、配套的商业服务体系，形成区域一体化协调发展的新格局。以金鸡湖为核心展开，环金鸡湖区域布局中央商务区，构成园区的城市级中心；围绕80平方千米"中新合作区"布局商务、科教创新、旅游度假、高端制造与国际贸易四大功能板块，形成"产城融合、区域一体"的城市发展架构。以"九通一平"为标准，建成发达的城市地下管网和高密度的城市路网，通过立体化多层次的交通枢纽与周边发达的高速公路、高速铁路、城际轨道交通实现无缝对接，打造便捷高效的综合公共交通体系。

> 专栏 2
>
> ## 苏州工业园产城融合发展模式
>
> 苏州工业园的产城融合模式体现出以园区为核心，逐步拓展和完善城市功能的边缘成长型特征。苏州工业园始终坚持以产业发展为引领，带动城市功能提升。从园区的开发路径来看，苏州工业园的产城融合还体现出"以产立城""以产兴城"的发展理念。苏州工业园在开发之初，由于紧贴苏州古城区，公共服务配套可以依托古城区的各项现有设施，同时不至于弱化古城区的作用。所以园区首先建设了比较完备并具有前瞻性的基础设施，然后通过发展工业用地吸引工业投资。随着园区从业人员的增多，苏州工业园才开始逐步推进住宅开发建设。当园区的居住人口达到一定规模之后，苏州工业园开始大力推动商业商务设施建设，并逐步完善城市综合功能。
>
> 苏州工业园以其高起点规划、高质量管理，迅速成长并一直保持国内工业园区综合排名的前列，同时也成为国内产城融合发展的典范。抛开区位优势、中新合作、政府支持等因素，苏州工业园在产城融合方面的成功经验主要体现在以下3个方面。
>
> **1. 科学前瞻、动态优化的规划理念**
>
> 苏州工业园形成了概念规划、总体规划、建设性详细规划、城市设计，以及配套的技术规范等一套完整的规划体系。规划编制初期就充分考虑了园区发展的长远利益和需求，安排了大量的预留地供未来发展使用，比如在城市主轴线上预留中心商务区的充足发展用地，同时兼顾了执行的灵活性和可操作性。例如，根据工业企业类型的大小，允许对规划工业地块进行分割、合并，政策的灵活性也使得园区在招商引资方面更有优势；整个园区的规划经历过3次动态调整，从最新一轮规划的用地比例来看，居住用地占28%，公共设施用地占比上升到16.9%，工业用地占比降至16.7%。此外，规划还体现了区域整体协调的发展思路。在建设初期，苏州工业园与周边区域的协调发展问题没有得到很

好的解决，特别是交通路网的衔接、城市功能的协调和生态环境的控制等。从2001年开始，苏州工业园开始着手解决这一问题，不仅在规划修编中将周边的娄葑、唯亭、胜浦、斜塘4个街道纳入规划，同时也将苏州工业园与周边区域作为一个整体，正式提出了建设现代化新城的目标。

2. 是制造业和服务业并举的产业发展思路

在开发初期，苏州工业园依靠廉价的土地资源、劳动力成本和政策优惠吸引了诸多工业企业落户。然而随着土地资源日益稀缺、商务成本不断上升，园区也不得不面临产业结构调整和升级的压力。2005年，苏州工业园提出了"服务业发展倍增计划"，现代服务业发展取得了积极进展。2012年，园区服务业增加值占比高达37.7%。园区服务业的快速发展不仅直接支撑了制造业转型升级，也为周边居民提供了更丰富和多元的就业机会。

3. 是以人为本的配套服务设施建设

苏州工业园合理布局商贸区、居住区和工业区，合理布局交通、市政、公共设施及休闲空间，整个园区布局既层次分明，又融为一体。园区的一期、二期、三期既有空间上的连续性，同时又保持相对的独立性，通过工业用地和综合用地平衡、生活居住和生产就业平衡，以及商业设施和休闲设施平衡等方式满足居民最短出行距离的要求。同时，苏州工业园成功移植了新加坡的"邻里中心"模式，对人口比例、住宅比例、功能组合进行了科学规划，有效解决了居民生活质量和城市环境的协调问题，而且对园区集聚和提升人气起到重要的保障作用。

四、小结

1. 松山湖高新区重视重大项目建设，但是面临土地资源约束

松山湖高新区发展前景良好，重大项目建设数量和投入规模在6家主要国家高新区中处于领先地位，为松山湖高新区高质量发展提供了有力支撑。土地集约利用程度比较高，但是目前剩余可开发用地不多，松山湖高新区工业用地门槛高将导致新增项目引入速度趋缓。

2．松山湖高新区具备国家级人才吸引力，人才配套政策不断完善

目前松山湖科学城的建设正在有序推进，松山湖高新区对国家级人才的吸引力日益显著，未来可加大对企业骨干人才、海外科技人才等特定人才群体的支持力度。

3．松山湖高新区重视城市公共服务供给，但是配套水平有待提升

松山湖高新区公共服务支出占比领先，着力打造安居乐业的良好环境。自跻身科创平台国家队以来，松山湖高新区围绕科技创新人才的需求，全面提升城市服务能级和城市品质，医疗、教育、人才住房、商业街区等领域多点开花。从长期看，随着园区人口数量的不断增长迭代及人才素质的不断提升，人们会在教育、医疗等刚性需求方面对园区提出更高要求。

第八章

东莞松山湖高新区区域辐射带动作用分析

> 区域辐射带动作用是指高新区在支撑带动区域经济发展、产业转型升级、创新发展等方面的能力,包括经济辐射能力、产业辐射能力、创新辐射能力3个二级指标和9个三级指标(详见附录A中的表A-1)。数据显示,松山湖高新区对东莞市的经济辐射总量不大,单位面积经济贡献良好;集聚了全市绝大多数高层次人才,已成为全市科技创新的核心引擎;有力支撑了东莞市的高技术制造业发展,但是在吸引外部企业方面和企业对外辐射方面有待提升。

一、经济辐射能力

1. 园区 GDP 占比方面

2020 年,松山湖高新区的 GDP 为 661.82 亿元,占东莞市 GDP 比重为 6.86%。松山湖高新区的 GDP 与其他主要国家高新区相比较低,如图 8-1 所示,但是从单位面积 GDP 来看,松山湖高新区的单位面积 GDP 为 6.43 亿元/平方千米,优于常州国家高新区和佛山国家高新区。同时,松山湖高新区以占东莞市 3.87% 的土地面积实现了 6.86% 的 GDP 占比,苏州工业园以占苏州市 3.20% 的土地面积实现了 12.80% 的 GDP 占比,可见松山湖高新区在这一方面与苏州工业园有着一定的差距,如图 8-2 所示。

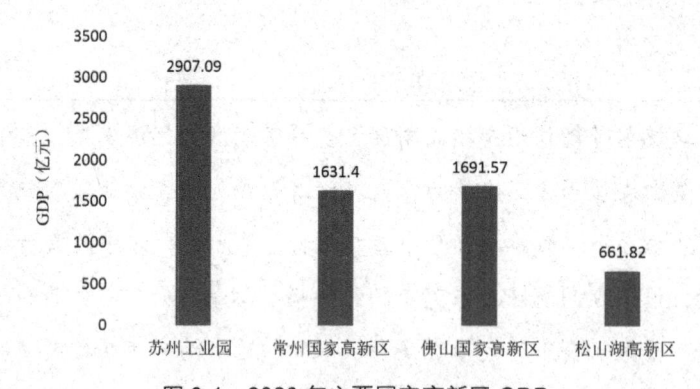

图 8-1 2020 年主要国家高新区 GDP

(数据来源:苏州工业园年鉴 2021、松山湖高新区年鉴 2021、各高新区公开资料等)

2. 税收收入占比方面

2020 年,松山湖高新区税收收入占东莞市税收收入的比重为 6.31%,在 6 家主要国家高新区中居于末位,如图 8-3 所示。但是从单位面积税收收入看,松山湖高新区单位面积税收贡献为 1.48 亿元/平方千米,仅次于厦门国家火炬高新区,略高于苏州工业园,厦门国家火炬高新区以占全市 3.00% 的土地面积实现了 15.76% 的税收贡献,在参与比较的高新区中最为突出。

第八章　东莞松山湖高新区区域辐射带动作用分析

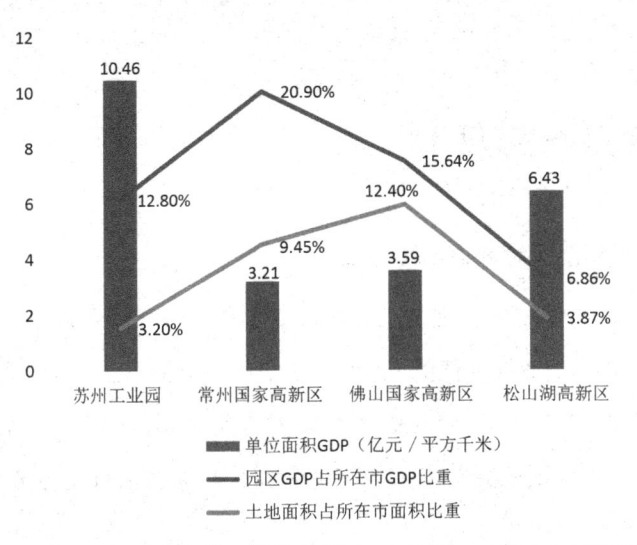

图 8-2　2020 年主要国家高新区单位面积 GDP 情况、对所在市经济贡献情况

（数据来源：苏州工业园年鉴 2021、松山湖高新区年鉴 2021、各高新区公开资料等）

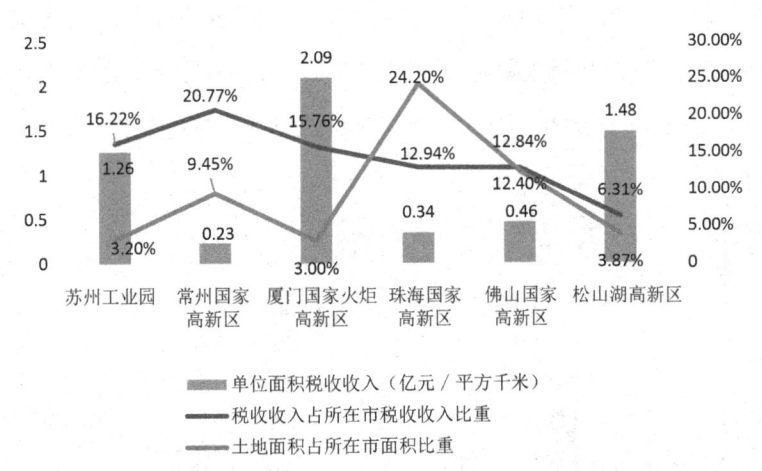

图 8-3　2020 年主要高新区单位面积税收收入、对所在市税收贡献情况

（数据来源：各高新区年鉴、各高新区公开资料等）

3．工业增加值占比方面

2021 年，松山湖高新区工业增加值为 525.23 亿元，每万人工业增加值为 26.93 亿元；东莞市工业增加值为 5008.81 亿元，全市每万人工业增加值为 4.75 亿元。松山湖高新区以占全市 1.85%的人口贡献了全市 10.49%的工业增加值。

二、产业辐射能力

1. 高技术制造业增加值占比方面

2020年,松山湖高新区规上工业增加值总量居东莞市第1位,高技术制造业增加值占园区规上工业增加值的91.1%。2020年,苏州工业园实现高新技术产业产值3695.5亿元、新兴产业产值3242.2亿元,分别占园区规上工业总产值的72.4%和63.5%,苏州工业园高新技术产业产值和新兴产业产值分别占苏州市的20.84%和16.71%。

2. 企业利润占比方面

2020年,松山湖高新区企业利润总额占东莞市企业利润总额的比重为23.09%,如图8-4所示,与其他高新区相比处于相对落后位置,与苏州工业园(53.24%)、厦门国家火炬高新区(53.34%)和珠海国家高新区(85.73%)相比差距较大,这与松山湖高新区整体企业数量偏少有关。

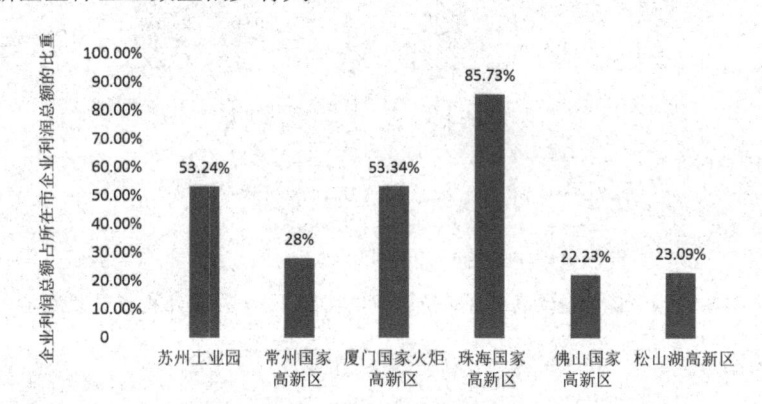

图8-4 2020年主要国家高新区企业利润总额占所在市企业利润总额的比重

(数据来源:根据各高新区年鉴、公开资料整理)

3. 外部企业吸引集聚和对外辐射方面

2020年,松山湖高新区根据园区产业发展方向和华为产业链的关键与缺失环

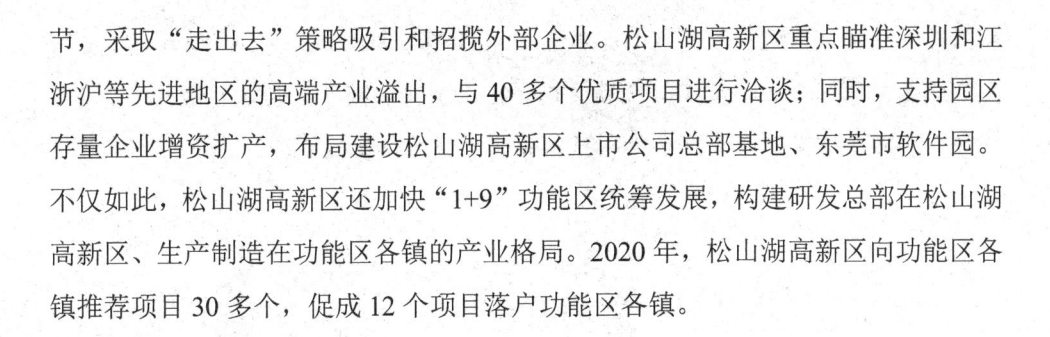

节,采取"走出去"策略吸引和招揽外部企业。松山湖高新区重点瞄准深圳和江浙沪等先进地区的高端产业溢出,与40多个优质项目进行洽谈;同时,支持园区存量企业增资扩产,布局建设松山湖高新区上市公司总部基地、东莞市软件园。不仅如此,松山湖高新区还加快"1+9"功能区统筹发展,构建研发总部在松山湖高新区、生产制造在功能区各镇的产业格局。2020年,松山湖高新区向功能区各镇推荐项目30多个,促成12个项目落户功能区各镇。

三、创新辐射能力

1. 高层次人才数量占比方面

松山湖高新区国家级、省级和市级人才在东莞市的比重均超过65%。截至2020年年底,松山湖高新区累计拥有各类国家级人才84名(其中双聘院士16名,占全市的100%);拥有省"珠江人才计划"领军人才12名,占全市的92.3%;拥有市创新创业领军人才95名,占全市的87.1%;拥有市特色人才299名,占全市的67.34%;拥有省创新科研团队27个,占全市的71.05%;拥有东莞市创新科研团队26个,占全市的49.06%,东莞市高层次人才高度集中于松山湖高新区。

苏州工业园人才总量超过50万名,硕士及以上高层次人才超过6万名,尤其是生物医药领域集聚的国家高层次人才占到了全国的1/4,生物医药产业人才竞争力位居全国首位。值得一提的是,苏州工业园对外国高端人才的吸引力十分突出。苏州是外籍人才眼中最具吸引力的中国十大城市之一,常住外籍人口已超过2万人,其中一半住在苏州工业园。2020年,苏州工业园新引进外籍高端人才318名,占全市的35.3%。2020年,苏州工业园有外籍高端人才1689名,占江苏省的近20%。

2. 财政科技投入占比方面

近年来,松山湖高新区不断加快松山湖科学城建设,在高水平大学、大科学装置、省实验室、高端创新平台等方面建设和布局。2020年,松山湖高新区财政科技投入占全市财政科技投入的比重达到 40.56%，如图 8-5 所示，在 6 家主要国家高新区中居第 1 位。松山湖高新区携手松山湖科学城，已成为东莞市科技创新引擎，也将为粤港澳大湾区国际科技创新中心建设提供核心动力。

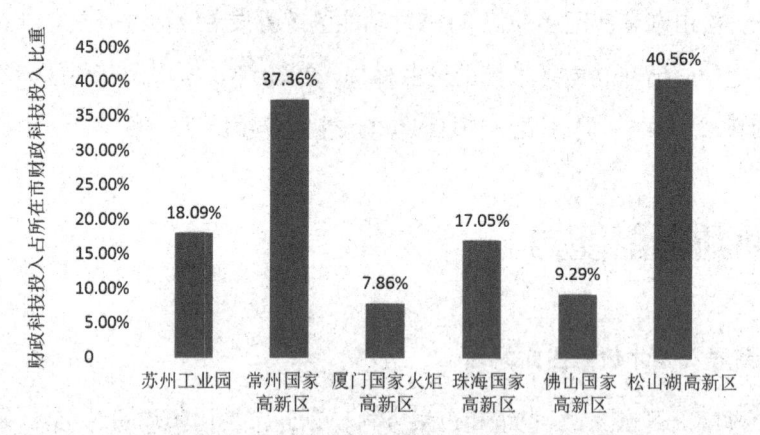

图 8-5　2020 年主要国家高新区财政科技投入占所在市财政科技投入比重

（数据来源：苏州工业园年鉴 2021、松山湖高新区年鉴 2021、各高新区公开资料等）

3. 技术合同成交额占比方面

2020 年，松山湖高新区技术合同成交额占东莞市技术合同成交额的比重达到 92.85%，如图 8-6 所示，在 6 家主要国家高新区中排名第 1 位，科技成果转移转化最活跃，松山湖高新区已成为东莞市技术交易和科技成果转化的主要阵地。

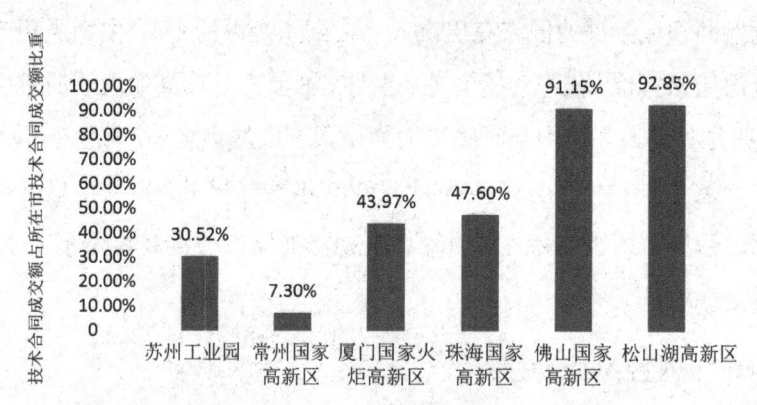

图 8-6　2020 年主要国家高新区技术合同成交额占所在市技术合同成交额比重

（数据来源：苏州工业园年鉴 2021、松山湖高新区年鉴 2021、各高新区公开资料等）

四、小结

1. 松山湖高新区对东莞市的经济辐射总量不大，单位面积经济贡献良好

由于松山湖高新区的面积相对较小，其对东莞市的经济和税收贡献总量不大，但是它的单位面积的经济和税收贡献尚可，不过与苏州工业园、厦门国家火炬高新区相比仍有一定差距。

2. 松山湖高新区有力支撑了东莞市的高技术制造业发展，在吸引外部企业方面和企业对外辐射方面有待提升

松山湖高新区规上工业增加值总量居东莞市第1位，且9成以上为高技术制造业增加值，为全市的高技术制造业发展做出了较大贡献。在外部企业、大型总部企业落户，尤其是吸引跨国企业方面，松山湖高新区与苏州工业园相比还有较大差距。在企业对外辐射方面，松山湖高新区主要以生产制造环节为主，范围集中在功能区各镇或本市其他地区及珠三角地区。

3. 松山湖高新区集聚了全市绝大多数高层次人才，已成为全市科技创新的核心引擎

松山湖高新区财政大力投入科技创新领域，成为全市创新人才和创新活动的主要集聚地。

对策建议篇

在比较分析篇,本书采取定量和定性相结合的方法,对松山湖高新区进行了综合比较分析,研究发现松山湖高新区存在创新成效低、产业竞争力不足、贸易集中度高、公共配套服务不完善等问题。本篇在学习苏州工业园、厦门国家火炬高新区、珠海国家高新区、常州国家高新区、佛山国家高新区等标杆高新区经验做法的基础上,从发挥科学城创新引擎作用、加快培育新兴产业、完善科技型企业梯度培育、构建全面开放创新格局等方面提出对策、建议。

第九章

发挥科学城创新引擎作用，提升园区创新产出能力

> 以科学城为创新"动力源"引领高新区高质量发展的模式，是松山湖高新区有别于其他高新区的独特优势。要充分发挥科学城作为"科技创新特区"先行先试改革的"试验田"作用，以科技体制机制创新为抓手，畅通从源头创新到产业化的创新链条，突出基础研究对关键核心技术攻关的支撑作用，突出高价值成果对产业发展的带动作用，推动园区加快实现高水平科技自立自强。

一、加强基础研究对关键核心技术攻关的支撑

1. 构建基础研究和应用研究融通机制

探索基础研究多元化投入机制，建立企业参与基础研究引导机制，推动企业与省自然科学基金设立联合基金或独立建立基础研究基金，引导鼓励社会力量加大基础研究和应用基础研究投入。完善基础研究任务征集机制，凝练经济社会发展和产业创新的重大科学问题，完善自由探索和需求牵引相结合的立项机制，建立产业目标导向的基础研究和应用研究项目库。面向重大前沿科学问题建立快速立项、强化绩效的管理机制，对原创性项目开通绿色评审通道。

2. 完善关键核心技术攻关机制

建立"产业界出题、科技界答题"机制，探索建立面向全国的核心技术攻关"揭榜挂帅""赛马""业主制"等制度，围绕基础材料、核心零部件、重大装备、工业软件等制约产业发展的薄弱环节，有的放矢组织开展关键核心技术攻关。建立颠覆性技术创新项目非共识评审、项目专员持续跟踪、政府和风投联动、逐步加码投入的支持机制。积极争取省重大科技专项自主立项权，探索建立重大科研任务的直接委托机制和"军令状"责任制，建立常态化的企业技术创新咨询机制，提升企业家、产业专家在重大科技项目立项中的参与度和话语权。

二、促进前沿科技项目成果落地产业化

1. 多举措探索促进科技成果转化机制

争取将松山湖高新区纳入职务科技成果赋权改革试点，赋予科研人员职务科技成果所有权或长期使用权试点，提高科研人员成果转化的积极性。激发企业对科技成果转化的需求，借鉴厦门国家火炬高新区的做法，按照技术交易额对园区

开展科技成果转化的企业进行奖励，或者给予税收优惠。鼓励园区建立健全科技成果常态化路演机制，在做好中国创新创业大赛组织的基础上，借鉴佛山国家高新区和厦门国家火炬高新区的做法，组织开展科技成果直通车活动，发挥科学城高校、院所、新型研发机构集聚优势，挖掘一批技术领先性强、产业化成熟度高的科技成果并推动转化落地，积极连接全国优质的科技成果和科研团队，推动两院院士及其团队的科技成果在园区企业率先转化。

专栏 1

厦门国家火炬高新区科技成果转化政策

对高新区内购买重大科技成果实现产业化的企业，按不超过实际支付技术交易额的30%给予奖励，最高500万元。

对高新区内"三高"企业在厦门实施的高新技术成果转化项目，自认定年度起2年内，按其应缴已缴增值税地方留成部分的60%给予扶持，每家企业每年补贴最高500万元。

2. 优化科技成果转化平台布局

松山湖高新区在促进新型研发机构、专业化技术转移机构等成果转化平台建设与发展的基础上，进一步加大对大学科技园、技术成果交易平台、中试验证基地和应用场景的支持力度。推进大学科技园成为高校成果转化"首站"和区域创新创业"核心孵化园"，探索在园区内推行"科学城研发＋高新区产业化"成果转化模式。以重大科技基础设施和科研院所的成果转化需求为牵引，支持企业、高校院所、科技服务机构等共建一批设施齐全、技术一流的中试验证平台，为各创新创业主体提供成果转化、产品验证、技术研发和推广等服务。组建重大科技基础设施管理服务中心，探索以市场化方式发现、挖掘、验证形成的前沿科技成果或衍生成果，实现科技成果落地转化。面向人工智能、量子信息等前沿领域，加快推进一批具有引领性、示范性的高精尖应用场景落地，促进新技术迭代更新和规模化应用。

> **专栏 2**
>
> ### 松山湖高新区培育发展新型研发机构
>
> 　　松山湖高新区全面提升新型研发机构的企业孵化能力、成果转化与技术服务能力、科技创新能力、人才集聚能力、资源导入和联系市场能力。引导新型研发机构向专业化孵化器方向发展，推动有条件的新型研发机构转为专业化孵化器，组建创业孵化基金，利用自有技术孵化企业，并在创新空间、创新平台、创新实验室、创新工场等方面给予创新创业团队资源共享性支持。鼓励新型研发机构成立以项目为牵引的综合性产业化公司，可由团队成员、新型研发机构及社会资本共同参与，允许内部员工以科技成果入股新型研发机构成立的全资或控股项目公司，打造科技成果孵化专业化市场化载体，培育、孵化一批具有成长潜力的重大项目。开展新型研发机构分类管理，对于孵化企业、成果转化与技术能力强和运营管理效果好的平台，突出以企业孵化为导向的评价考核，引导研发机构向企业化、市场化运作转型；针对综合效益低的新型研发机构，建立退出机制。

> **专栏 3**
>
> ### 苏州工业园关于高校和成果转化服务机构的支持措施
>
> 　　支持大学科技园、技术转移机构等对区域科技创新有重要支撑作用的科技服务机构的建设，视运营和管理情况给予最高 100 万元／年的支持，支持年限不超过 3 年。
>
> 　　支持园区高校、科研院所加快科技成果转化。对经确认的高校、科研院所，根据上年度科技成果转化活动情况给予奖励，每家单位最高奖励 1000 万元／年。

3. 健全科技成果转移转化服务体系

　　借鉴苏州工业园的做法，松山湖高新区和深交所科技成果与知识产权交易中心等技术交易平台合作建设园区分中心，连接技术市场与资本市场，围绕科技成果转化、专利技术转移、金融服务支撑等提供一站式服务，打造具有全国影响力的交易平台和生态网络。探索与国内先进国际技术转移机构建立对接机制，引导国际技术资源向松山湖高新区转移。建设松山湖高新区科技成果展示交易中心，建立"企业需求库"和"创新成果库"，促进创新科技成果的展示交易与互动体验。推动高校院所、创新企业等开展合作研发和技术转让；加强技术合同认定登记，不断提升技术市场活跃度。支持研究开发、技术转移、检验检测认证、创业孵化、知识产权、科技咨询等科技服务机构建设，提升专业化服务能力。培养技术转移人才，依托国家技术转移人才培养基地（广东）建设，设立"联合培训分中心"和"产业联合实训基地"，推动形成覆盖全省、辐射全国、具有大湾区特色的技术转移人才网络，打造技术转移人才培养的"松山湖品牌"，加快培养科技成果转移转化人才。

专栏 4

苏州（长三角）科技要素交易服务中心

苏州工业园区科技创新委员会联合上海技术交易所共同建设苏州（长三角）科技要素交易服务中心。该中心力争打造立足苏州、服务长三角、面向全国的科技资源和科技成果聚集、交易与服务的综合性科技要素交易市场，并且将生物医药特色交易服务作为重点方向，全力打造具有全国影响力的交易平台和生态网络，解决生物医药企业知识产权保护、科技成果转化、融资服务等瓶颈问题和行业痛点问题。

三、提升知识产权的创造水平

1. 加强高价值专利培育

松山湖高新区加大知识产权专项资金对高价值专利培育全过程的支持力度，借鉴苏州工业园的做法，推动企业等创新主体将高价值专利融入创新创造和经营管理全过程，探索高价值专利与标准融合发展机制，促进企业综合运用知识产权，推动实现专利标准化、标准产业化、标准必要专利价值最大化。支持健全创新平台以专利为纽带的利益联结和价值实现机制。面向主导产业建立以企业为载体的高价值专利育成中心，聚焦产业技术关键领域和环节，形成一批具有核心竞争力、市场前景良好、引领产业发展的高价值专利和专利组合。

专栏 5

苏州工业园区高价值专利培育计划示范工程

鼓励企业开展示范工程创建工作，知识产权局每年将在创建示范工程的企业中择优选取不超过10家企业给予经费支持，支持经费分3年拨付，每年拨付比例不超过企业知识产权业务总投入的50%，每家企业给予的总经费不超过100万元。

---

2. 加强知识产权强企培育

支持企业培育知识产权密集型产品，奖励有突出贡献的知识产权强企，支持企业开展专利大数据分析研究，以市场为导向布局高质量、高价值的专利和专利组合，加强知识产权运用，提升企业知识产权运用能力和水平，培育一批在行业中知识产权优势明显的龙头企业，带动园区重点产业的发展。探索专利与商业秘密、专利与标准融合发展机制，遴选企业开展融合试点并给予资金支持。

专栏 6

苏州市企业知识产权登峰行动计划

根据苏州市企业知识产权登峰行动计划，市级知识产权专项资金中统筹安排"登峰行动计划"经费，重点支持企业开展专利大数据分析研究，加强以关键技术为基础的高质量、高价值专利申请确权工作，以及相关联的专利挖掘和专利战略布局，支撑企业发展的相关关键专利收购、专利许可使用与战略兼并、品牌培育和技术产品标准化建设，构建企业知识产权优势。每年实施不超过10

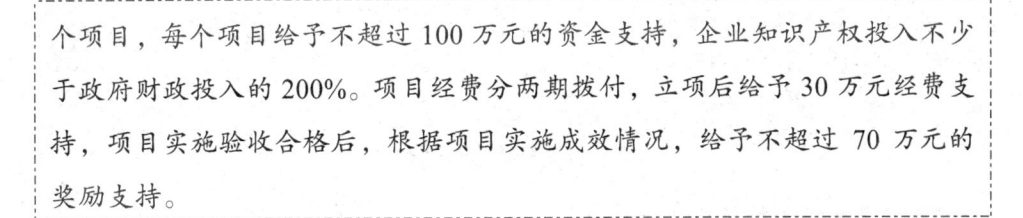

个项目,每个项目给予不超过 100 万元的资金支持,企业知识产权投入不少于政府财政投入的 200%。项目经费分两期拨付,立项后给予 30 万元经费支持,项目实施验收合格后,根据项目实施成效情况,给予不超过 70 万元的奖励支持。

3. 加强知识产权运用与服务

支持龙头企业、创新平台、创新联合体等开展高价值专利运营,围绕产业链建立产业专利联盟和专利池,打造以专利为核心驱动的产业技术创新平台。实施战略性新兴产业专利导航计划,拓展专利导航服务研发创新、企业经营、招商引资、产业规划的应用场景和方法路径,建立健全产业专利导航决策和服务机制。开发高价值专利金融产品,鼓励园区金融机构开展知识产权质押贷款业务,支持创新主体通过质押融资、投融资、资本化等方式实现专利权价值。

专栏 7

苏州工业园推进知识产权运用相关政策措施

围绕生物医药、纳米技术和人工智能产业等领域,苏州工业园组织实施年度园区专利导航产业发展计划,发布产业专利导航和企业专利微导航项目指南,重点支持知识产权大户承担产业专利导航和企业专利微导航的项目单位,完成项目并经评估后给予 50%的经费补贴,最高分别为 50 万元和 20 万元。

鼓励园区金融机构开展知识产权质押贷款业务。对于依法设立并经营知识产权质押贷款业务的园区银行业金融机构和科技小额贷款公司,经自主申报并审批通过后,给予知识产权质押贷款补贴和奖励。补贴和奖励标准为:按各机构和公司年度对园区企业知识产权质押贷款实际发放额的 1.5%给予补贴,主要用于充实风险准备金,对可能发生的知识产权质押贷款风险损失进行补偿;贷款奖励的标准为当年对园区企业知识产权质押贷款实际发放额的 1%。上述两项合计最高 100 万元。

> 专栏 8

松山湖科学城建设

1. 建设重大科技基础设施群

依托松山湖科学城，重点聚焦材料科学、信息科学、制造科学和生命科学领域，推动中国散裂中子源二期、南方光源研究测试平台、先进阿秒激光设施等大科学装置建设，在物质科学领域形成具有国际影响力的重大科技基础设施群，积极争取国家、省财政支持；引导高校院所、龙头企业等参与重大科技基础设施建设和关键设备研发；依托大科学装置深入参与国际交流合作与科研联合攻关。布局建设专业领域研究设施，在材料科学、信息科学、制造科学、生命科学研究领域布局建设材料科学用户实验设施、新一代信息技术（5G）研究设施、大科学智能计算数据中心、强场制造科学中心（一期）、5G智能终端精密结构件制造中心、中子治疗技术探索装置等专业领域研究设施，推动形成大科学装置与前沿技术攻关链式协同，为产业关键技术突破提供支撑。

2. 建设前沿领域交叉研究平台

依托重大科技基础设施群，建设前沿领域交叉研究平台。围绕材料科学、信息科学、生命科学等领域，加强与中国科学院、松山湖材料实验室等合作，重点建设材料基因组研究平台、原子运动规律及化学变化过程可视化平台、量子计算核心材料与器件平台等前沿交叉研究平台，开展高水平研究，组织开展协同创新，实现重大科技基础设施优势互补、创新效益倍增，推动实现原创性突破。

3. 布局建设专业领域技术创新平台

结合重大科技基础设施应用领域和未来产业发展趋势，加强新材料、生命健康、信息技术、新能源等领域技术创新平台的建设布局。支持建设技术创新中心，鼓励园区高校、研发机构、龙头企业等联动建设国家级、省级技术创新

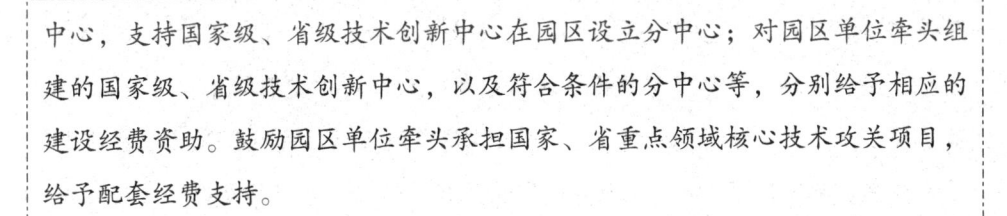

中心，支持国家级、省级技术创新中心在园区设立分中心；对园区单位牵头组建的国家级、省级技术创新中心，以及符合条件的分中心等，分别给予相应的建设经费资助。鼓励园区单位牵头承担国家、省重点领域核心技术攻关项目，给予配套经费支持。

4. 打造松山湖实验室体系

建设松山湖材料实验室，加强与中国科学院全面合作，结合中国科学院材料及相关交叉学科科研资源，按照国家实验室标准共建松山湖材料实验室。构建世界一流的材料科学研究基地，开展综合性、长期性多学科交叉融合的材料科学前沿研究，集聚一批全球顶尖的科学家和优秀科研团队，参与和组织国际重大科技合作，探索实施实验室新型组织管理体制机制。建设粤港澳联合实验室，集聚粤港澳大湾区科技创新资源，创新实验室联合工作机制，建设一批粤港澳联合实验室。探索建设专业领域重点实验室，建设半导体重点实验室，重点聚焦国际半导体材料科学前沿，开展半导体材料与器件的基础研究和应用研究；建设物理化学重点实验室，着重在原子、分子水平和纳米尺度上，研究表面和界面的结构与反应机理，设计和合成有关催化剂、电极材料及纳米材料结构体系；建设分子生物学重点实验室，重点在重大疾病、重要生理功能相关基因、蛋白方面开展战略性、前瞻性、开拓性研究。支持建设开放实验室，鼓励科研院所、龙头企业等建设一批开放实验室，推动实验室环境设施、仪器设备、技术标准、科研成果等资源的共享，支持企业开展质量检验、研发测试、标准验证等；针对每家开放实验室，给予相应资金支持和优惠服务。

5. 建设高水平大学

建设香港城市大学（东莞），依托香港城市大学现有的优质教学、研究体系，引进理工类优势学科和研究项目，集聚国际化的前沿科研机构。充分融合东莞理工学院科研资源，围绕电子工程、机械工程、能源及环境、材料科学及工程等优势学科，共建科研平台。强化与中国散裂中子源、南方先进光源、松山湖材料实验室等的对接合作，重点围绕电子信息、新材料、生命科学、中子散射技术等科学领域，开展学科建设、技术研发、成果转化、国际化应用型人才培养。建设大湾区大学（松山湖校区），围绕粤港澳大湾区建设，聚焦人才培养、技术发展、学科领域、办学机制等，建设具有前沿尖端学科的新型研究型大学。在人才培养上，注重基础知识、专业知识等纵向能力培养及创新思维、跨学科思维、全球化思维等横向能力培养。在技术发展上，构建"前沿基础研究、应用基础研究、产业技术研究、科技成果转化"全链条创新体系。在学科领域上，聚焦物质科学、先进工程、新一代信息技术、生命科学等领域。在办学机制上，推进产教融合、科教融合、湾区融合，建立完善多渠道投入机制、实施协同育人合作机制。支持东莞理工学院建设高水平理工大学和新型高水平理工科大学示范校，主动对接区域内高端创新资源，推动源头创新、技术创新、成果转化、企业培育领域的深度合作，支持与重大科技基础设施和重点平台共建东莞理工学院材料科学与工程学院、中子散射技术工程研究中心、先进探测器工程技术研究中心、东莞新能源研究院，推动科研合作、学科建设与人才培养；推动与东莞市新型研发机构、创新型企业等合作，围绕联合共建实验室、培养输送技术经理人、联合申报科研项目等，开展面向产业应用的技术创新。支持广东医科大学建设高水平医科大学，布局新型交叉学科，加强生物医药等优势学科与新一代信息技术、工程学等交叉融合，支持发展海洋医学、热带医学、精准医学、转化医学、智能医学等前沿学科；培育建设重点平台，加快建设东莞校区科技创新平台、教育部科技查新工作站、实验动物中心、临床医学研究中心。加强人才团队引育，实施拔尖人才培养和引进工程、人才梯队构建工程、科研团队建设工程，构建以高端学术带头人为核心的人才高地。

第十章

加快培育新兴产业，增强经济发展新动能

> 优化松山湖高新区产业结构，加大新兴产业培育力度，培育新产业新业态，打造未来发展新优势。发挥功能区统筹功能，探索产业空间集约式开发，突破松山湖高新区发展空间瓶颈，推动经济高质量发展。

一、完善"1+3+1"现代产业体系

坚持产业高端发展方向，强化产业链布局，持续巩固新一代信息技术产业。重点拓展生物技术与医疗器械领域，大力推进机器人与智能装备产业，积极培育新材料产业。加快发展现代服务业，强化高端生产性服务业对先进制造业发展的支撑作用，进一步优化产业结构，打造领军企业引领、具有国际竞争力的现代产业集群。松山湖高新区"1+3+1"现代产业体系目录如表10-1所示。

表10-1 松山湖高新区"1+3+1"现代产业体系目录

类别	产业名称	细分领域	发展内容
主导产业	新一代信息技术	下一代信息网络产业	网络设备制造、信息终端设备制造、5G移动通信技术等
		集成电路及高端电子元器件	集成电路研发设计、高端新型电子元器件制造等
		智能终端	智能手机制造、可穿戴智能设备制造等消费电子产品
		人工智能	智能网联汽车、智能家居关键部件（芯片处理器、传感器、充电设备等）、智能家居系统集成、物联网基础器件、智能传感器、虚拟现实与增强现实等
		互联网与信息技术	工业互联网及支持服务、互联网平台（互联网+）、网络与信息安全服务、云计算与大数据服务、软件开发、信息技术服务等
新兴产业	机器人与智能装备	机器人	机器人关键零部件及系统集成、工业机器人、服务机器人等
		智能装备	高档数控机床、智能测控装备、智能化专用装备、3D打印设备等
		精密模具	塑胶模具、五金模具、压铸模具、鞋业模具、汽车模具、铸造模具、挤出模具、冶金模具、锻造模具、玻璃模具、陶瓷模具等模具产品加工制造
	生物技术与医疗器械	生物医药	生物药品制品制造、化学药品与原料药制造、现代中药制造、保健品及化妆品制造、生物技术外包服务等
		医疗器械	体外诊断设备、医疗影像设备、医疗AI、植（介）入性器械、医用耗材等医疗器械制造及贸易
		生命健康	细胞治疗、基因工程、新型疫苗、靶向药物等生命科学研究与试验，体外诊断（IVD）、精准医疗、健康管理等医疗健康服务

续表

类别	产业名称	细分领域	发展内容
新兴产业	新材料	先进材料	高温超导材料等先进金属材料，高性能玻璃纤维、高性能陶瓷等无机非金属材料，电子功能材料、发光材料等高性能有机高分子材料及复合材料
		前沿新型材料	纳米材料、石墨烯等前沿新型材料
配套产业	现代服务业	科技服务	科技小额贷款公司、天使投资、创业投资、科技保险、科技担保、知识产权质押等科技金融
			基础研究（应用研究和试验、产业集群共性技术研发等）、产品研发设计服务、研发中介和研发外包服务等研发服务
			观测、分析、计量测试服务、检验、技术标准研制与应用、认证等检验检测认证
			知识产权分析评议、运营实施、评估交易、保护维权、投融资等知识产权服务
配套产业	现代服务业	科技服务	创业硬件基础服务（物业租赁、商业配套）、创业软性基础服务（公司注册、法律咨询、财务咨询、知识产权服务、政策性项目申报）、创业增值服务（创业导师、创业融资、创业交流、创业路演）等创业孵化
		金融服务	银行业、保险业、证券业、信托业等传统金融
			供应链金融、消费金融（汽车金融与租赁）、互联网金融、融资租赁、保理业务、金融信息服务等现代金融
		供应链管理	贸易经纪与代理、外贸综合服务、商品交易服务、互联网批发零售等现代贸易
			供应链管理、现代装卸仓储服务、铁路运输综合服务、多方式联合运输服务、冷链物流服务、城市配送、物流信息系统等现代物流
		商务服务	法律服务、咨询服务、市场调查、广告、会议及展览服务等专业服务
			园区管理服务、商业综合体管理服务、交易市场管理服务等综合服务
		文化创意	工艺美术品制造、玩具文体用品制造、信息服务终端制造（家用视听设备、音响设备、可穿戴智能文化设备）等文创制造业
			动漫产业、文化旅游、文化娱乐、印刷复制服务、文化创意设计、现代工业设计、文化成果转化、文化产权交易等文创服务业

续表

类　别	产业名称	细分领域	发展内容
配套产业	现代服务业	数字经济	信息及数据处理、超高清互动数字网络、虚拟现实（VR）及增强现实（AR）、数字媒体、数字内容设计与制作服务
			电子商务、智慧城市、智慧交通、智慧医疗、智慧教育等数字技术应用

二、壮大战略性新兴产业集群

1. 打造万亿元级新一代信息技术产业集群

深挖华为未来增长潜力，积极争取华为5G应用开展的无人驾驶汽车、鸿蒙系统、智能家居、智能电视、折叠屏手机、VR设备等前瞻性研发和生产环节在松山湖高新区集中布局。争取华为将更多智能制造环节放入团泊洼智能制造基地。推动华为建设工业互联网展厅。鼓励华为以松山湖高新区为试点，在智慧城市、智慧安防、智慧驾驶等领域开展5G应用示范。聚焦立讯、联基、利和兴、中扬、东创等华为供应商进行靶向招商，打造华为供应商产业园。扶持大普通信、记忆科技等华为供应链企业在园区持续增资扩产。积极布局云计算产业链与华为云共同成长。打造华为鸿蒙开发者村。进一步加强"华为系"对产业的支撑作用，打造具有国际竞争力和影响力的万亿元级新一代信息技术产业集群。

2. 加快产业基地建设

加快东部智能制造产业基地、东莞新材料产业基地和松山湖生物医药产业基地建设，大力培育智能装备制造、生物医药、新材料企业，不断增强产业集聚能力，壮大产业集群。支持产业基地科技创新平台建设，鼓励高校、科研院所及各类服务机构提供服务支撑。

第十章 加快培育新兴产业，增强经济发展新动能

> **专栏 1**
>
> ## 松山湖高新区三大产业基地建设具体举措
>
> **1. 东部智能制造产业基地**
>
> 该基地选址松山湖东部工业园，总规划面积为 9236 亩（约为 6.16 平方千米）。依靠强大的精密制造配套能力，重点发展信息技术（含集成电路）、智能装备等产业。面向智能终端、物联网等应用领域，大力引进先进封装测试、模拟芯片设计、芯片制造项目，建设东莞集成电路专业园区。
>
> **2. 东莞新材料产业基地**
>
> 该基地选址松山湖东部工业园，依托松山湖材料实验室强大的科研与成果转化能力，大力发展新型显示、第三代半导体等电子信息产业关键材料，打造新型半导体材料和电子新材料集聚区。
>
> **3. 松山湖生物医药产业基地**
>
> 该基地选址松山湖三角地及台湾科技园部分，总规划面积为 2489 亩（约为 1.66 平方千米）。立足国家级高新区的资源优势，重点发展生物医药、高端医疗器械、智慧医疗等产业。
>
> 通过产业基地建设不断增强产业聚集能力，延伸产业链，壮大产业集群。一是紧紧围绕产业发展要求，加强项目可行性的论证工作，依据松山湖产业发展引进企业指导目录，引进相关行业配套企业，特别是注重引进行业龙头企业，杜绝"一篮子"装，充分发挥基地聚集效应；二是创新投融资体制，围绕"机构扩充、市场壮大、功能提升、风险防范、环境优化"5个方面，加快补齐金融发展短板。通过政府引导、业主开发、市场化运作、产业化经营，调动各类投资主体的积极性，在统一规划的前提下，按照"谁建设，谁管理，谁开发，谁收益"的原则，吸引各类投资商进基地进行成片土地开发；三是采取各项措施不断完善基地的投资、经营、生产环境，通过服务的改进、效率的提高等措施

增强基地吸引力，推进基地持续快速发展；四是紧紧抓住培养、吸引、用好人才三个环节，着力强化经营管理人才、技术人才、熟练技术工人等人才队伍建设，为基地和企业发展提供强有力的人才保障；五是坚持节约用地的原则，努力提高基地的投资强度和产出比例，通过集约用地、规划调整等措施充分挖掘用地空间，满足工业发展的用地需要；六是要注重基地工业群落的优化配置和互通互联，推进基地内企业之间的副产品和废物交换、能量和废水的梯次利用、基础设施的共享，有效降低成本，实现基地经济效益、环境效益和社会效益的协调发展。

3. 加强产业链布局

借鉴常州国家高新区的做法，围绕智能装备制造、生物医药、新材料、新能源等领域招引具有全球竞争力的龙头企业，大力引进总部经济项目，以龙头企业带动产业发展，布局产业生态。参考苏州工业园的做法，围绕产业链关键环节、缺失环节和薄弱环节，通过项目招引和兼并重组等方式强链、补链、延链，鼓励龙头企业基于供应链、产业链完整性引进新项目并使之落户，支持有实力的企业并购优质企业（关联交易除外），打造优势产业集群。以完善新一代信息技术产业链条为例，建议以集成电路为突破口，扶持合泰半导体、合微集成电路、赛微微电子等掌握核心技术的企业做大做强。积极引进西人马集团等一批高端芯片研发设计企业，推动芯片设计、半导体设备和封装材料等关键环节企业在松山湖高新区集聚。搭建集成电路设计产业发展孵化平台，建设EDA平台和培训中心。加快招引中琛源、安软等软件企业，实现产业结构从纯制造向软硬件结合升级。聚焦基础软件、支撑软件、应用软件、网络安全开发等，依托北部科研空间打造2～3个软件园。

专栏 2

常州打造新能源汽车产业链

常州抓住机遇大力发展新能源汽车产业，初步形成了从电池、电控到整车比较完备的新能源汽车产业链。2015年，引进北汽新能源在常州设立首家纯电动汽车高端制造基地，总投资100亿元。2016年，引进理想汽车在常州设立制造基地，同年引进电池巨头宁德时代在常州建设产能50亿瓦时的锂电池长三角基地。2017年，联手上汽集团在常州建设锂电池生产基地。2019年，引进比亚迪在常州建设新能源乘用车及核心零部件产业园，总投资100亿元。

目前，常州拥有动力和储能电池生产及配套企业80余家，产业链配套完整度达94%，形成了发电、储能、输送和应用——也就是"发储送用"的产业闭环，在国内首屈一指。全市5700多家规上工业企业四成从事装备制造。

专栏 3

苏州工业园强链、补链

苏州工业园支持项目招引和兼并重组。支持产业链招商，鼓励"链主"企业基于供应链、产业链完整性引进新项目落户，形成龙头企业引领的优势产业集聚。根据新项目综合效益给予"链主"企业奖励，每引进一个项目最高奖励100万元。鼓励"尖峰"企业并购优质企业（关联交易除外），对于符合条件的项目，并购企业对目标企业实际出资额折合人民币3000万元以上的，按不超过实际出资额的10%、最高1000万元给予补贴。特别重大的，按"一事一议"予以支持。

三、培育新产业新业态

1. 孵化培育机器人与智能装备产业

依托华为、东莞中国科学院云计算产业技术创新与育成中心，打造人工智能算法研发基地。瞄准通用知识图谱和专业知识图谱，引入高成长性人工智能新锐企业。主动对接字节跳动、商汤科技、阿里、百度等应用技术龙头企业，争取搭建机器视觉、图像识别、语音识别、自动驾驶等关键技术开放创新平台。集聚人工智能芯片研发业态。以广东省智能机器人研究院、松山湖国际机器人产业基地为抓手，大力扶持一批初创型机器人企业发展壮大，努力打造具有国际竞争力的高端装备制造产业集群。推动建设东莞人工智能产业技术研究院。支持固高科技、李群自动化、拓斯达等机器人企业开展原始创新。积极引入智能元器件、传感器、智能硬件等制造企业。重点发展运动控制部件、专用机器人、智能服务机器人等。

2. 加快发展生物技术与医疗器械产业

以生物医药、高端医疗器械等为产业重点发展方向，扶持东阳光药业、三生制药等一批龙头企业迅速做大做强，培育红珊瑚、菲鹏生物、博迈医疗等一批优质企业发展壮大。积极承接深圳等地医疗器械的资源外溢，打造产业转移园。聚焦医疗器械高端化与进口替代，重点发展体外诊断设备、医疗影像设备、植（介）入性器械等设备的制造及贸易。充分发挥中国散裂中子源大科学装置作用，打造以核医学研发中心为核心的生物医药创新平台集群。聚焦国内外生物医药服务外包龙头企业，构建生物产业研发与第三方医学检验检测服务集聚区。

3. 重点发展新材料产业

依托中国散裂中子源、松山湖材料实验室、东莞材料基因高等理工研究院等，重点发展先进金属材料、先进无机非金属材料、有机高分子材料及复合材料、前沿新型材料四大类新材料研发，服务带动功能区乃至全市纺织服装、五金模具等传统产业发展升级。支持松山湖材料实验室牵头建立材料基因数据库。充分利用创新样板工厂，推动陶瓷材料、功能涂层材料、柔性电子材料等科技成果产业项目化。瞄准氮化镓（GaN）和碳化硅（SiC）衬底等第三代半导体上游材料，以及紫外 LED、Micro LED、半导体激光器、异质结构外延和射频器件及其电力电子器件材料进行产业项目招引。

4. 大力发展前瞻未来产业

根据麻省理工学院近年来对全球十大颠覆性技术的预测，结合松山湖高新区现有的产业和技术基础，并考虑中国散裂中子源、南方光源、阿秒激光大装置等一批正在布局建设的重大科技基础设施对原始创新的支撑作用，可重点跟踪培育以下细分领域：超个性化药物、抗衰老药物、人工智能发现分子、定制癌症疫苗、材料的量子飞跃、细胞图谱、灵巧机器人。要加强对这些领域基础科研成果、人才、技术、产业动态的跟踪研判，积极构建"人才+项目+基金+创业企业+产业化基地"的未来产业孵化模式，引进和培育掌握颠覆性技术的全球领军人才，形成引进一批人才、孵化一批企业、培育一个产业的长效机制。

5. 发展融合、融通的数字经济

提升数字产业化水平。围绕 5G 网络、大数据、云计算、工业互联网、新型智慧城市等领域，加快建成新型基础设施体系。完善电子信息制造业、软件和信息技术服务业等基础数字产业链。支持光大 We 谷、中集产城、中国电子、天安云谷、宝豪清园 5 家软件产业园差异化发展，加快建设软件产业集群。积极挖掘具有爆发力的新技术、新业态，抢占一批具有爆发式增长潜力的未来数字产业赛道。推动产业数字化转型。制定数字化转型路线图，支持有基础、有条件的企业率先探索数字化升级路径，形成可复制、推广的行业数字化转型系统解决方案。推动制造业升级改造，推进工厂车间向集成应用、智慧应用发展，打造一批新一代信息技术与制造业创新融合试点示范项目，提升产业数字化水平。

◆ 专 栏 4 ◆

厦门国家火炬高新区数字经济培育举措

1. 数字产业化

厦门国家火炬高新区扎实推动先进制造业和软件信息服务业齐头并进、融合发展,通过提前培育和布局数字经济新产业,加速"弯道超车"。2020年以来,高新区坚持招大引强和加快"三高"企业倍增发展并举,夯实数字经济产业基础。大力引进智慧交通、视讯安防、新型显示、第三代半导体、服务器等细分行业落户厦门,其中数字文化创意产业依托国家科技与文化产业融合基地,通过资源整合和技术创新,形成了"科技+创意+内容"的产业融合发展模式。目前,厦门国家火炬高新区数字经济产业覆盖了从基础到应用,从硬件到软件的全领域,形成了比较完整的产业图谱。

2. 产业数字化

厦门市从数字农业、智能制造、服务智能化、新型智慧城市、智慧海洋五大方面促进实体经济转型升级,通过出台扶持政策支持企业技术改造,引导制造业+互联网,实施智能制造行动计划,推进物联网发展,加快推进产业数字化。例如,厦门海沧区2021年出台了《海沧区促进工业经济转型升级提质增效若干措施》,举办扶持企业上云服务对接会,促使大批企业在智能制造、机器换人、企业上云方面加大力度,加快向数字化、网络化、智能化转型发展。

6. 加快现代服务业发展

加快发展工业设计、检测认证、科技推广与技术转移、成果转化、知识产权运营等科技服务,引导科技服务企业推动产业更好转型升级。支持龙头制造企业剥离生产服务业务,促进生产性服务业发展;引导企业设立独立法人,剥离研发、检测、工业设计等高技术服务。培育集成服务供应商,加快发展供应链管理、总集成总承包服务、信息增值服务、柔性化个性化定制、云制造、协同制造等服务型制造新模式,促进生产基地向研发、投资、运营总部基地升级。打造服务领域品牌,聚焦高技术服务业,制定优质服务规范,引导重点行业服务企业实施质量升级计划,推动标准创新、技术创新和管理创新。

> **专栏 5**
>
> ## 松山湖高新区现代服务业体系构建
>
> **1. 提升科技服务业发展能级**
>
> 支持松山湖高新区内部的科研机构、平台和公益类科研机构的基础科研条件建设,提升科研创新和服务能力。鼓励松山湖高新区企业与国内外科研机构、高等院校联合共建实验室和公共技术平台。积极引进国内先进的检测认证、技术转移、产业孵化、决策咨询、军民融合等各类科技服务资源。以推进科技服务业集聚发展为突破口,建设各类科技服务主题园和集聚区。
>
> **2. 提高金融服务实体经济水平**
>
> 以服务实体经济为宗旨,立足松山湖高新区现代产业分工要求,大力发展以科技金融为主体的金融服务业,积极推进产业金融生态建设,引进银行、保险、证券、信托、创业投资等金融机构。着力发展围绕松山湖高新区特色产业的科技金融、互联网金融、保理租赁及信托、风险投资、创业投资、基金及资产管理、便利化投融资服务等。
>
> **3. 壮大文化创意产业**
>
> 增强文化创意产业与新一代信息技术、机器人与智能装备制造、生物技术与医疗器械等产业的融合创新。支持国家级动漫企业发展原创动漫游戏产品、动漫游戏公共服务平台、以动漫游戏内容开发的衍生产品和服务。增强广东华南工业设计院、东莞华南设计创新院等机构的工业设计创新能力。鼓励松山湖博泰创意服务中心等开展批量定制服务,推动生产制造环节组织调整和柔性化改造。打造若干个文化创意特色小镇。
>
> **4. 培育供应链管理和商务服务业态**
>
> 支持建立大宗商品及工业全产业链、供应链跨境电商平台,引导出口导向型企业使用跨境电子商务。着力构建装卸仓储、铁路运输、多方式联合运

输、冷链物流、城市配送、物流信息系统等现代物流服务体系。大力发展平台服务、支付与金融服务、人才服务、诚信体系评估服务、外贸综合服务、软件服务、媒体/广告与咨询服务等全业态商务服务业。鼓励园区优质服务企业参与国家、省、市的服务品牌评选，加大对园区优质服务企业的政府采购力度。

专栏 6

松山湖高新区新产业新业态培育机制探索

1. 健全新技术新产品推广机制

探索建立科技型中小企业创新产品政府采购制度，加大装备首台套、材料首批次、软件首版次等创新产品政府非招标采购力度，支持医疗创新产品优先进入三级医疗机构使用，带动企业新技术研发及产品迭代升级。争取试点实施数据跨境流动，加快推动教育、医疗、交通等公共服务领域数据资源开放共享，为人工智能和数字产业发展提供应用场景。

2. 探索新经济制度创新机制

探索建立对新经济新业态审慎包容监管机制，为新经济企业提供试错容错环境，促进平台经济、产业数字化、新个体、微经济、共享经济等新经济新业态健康有序发展。重点围绕人工智能、无人驾驶等新业态领域开展制度创新试点，加强新领域新业态的知识产权保护，重点探索和完善应用数据的产权制度、保护制度和流动制度，加强应用中数据的隐私保护和安全审查方面的探索。

四、探索产业空间集约开发

1. 统筹功能区土地资源

充分盘活镇街土地资源，深化功能区在土地开发、产业发展、重大项目建设等方面的统筹管理，打破行政区划限制，建立集体决策平台，加强功能区土地审批制度建设，强化重大用地审批事项的集体决策机制。优化土地资源配置，一方面，推动各镇以生产要素定价尤其是土地资源形成一定股权比例入股东莞市松山湖控股有限公司，实现利益捆绑协同，获得资源共享补助；另一方面，在开展功能区统筹招商引资过程中，以松山湖功能区名义，并依据各镇街产业特征和空间资源存量定向引进项目落地。探索功能区内"飞地经济"园区建设模式，通过双方协商、"一事一议"等方式规定飞出地和飞入地的职责分工和利益分配机制，推动松山湖高新区和各镇街联动发展与互利共赢，持续提升产业发展用地保障水平。

专栏 7

功能区统筹发展体制机制

建立差异化发展衡量评价体系，根据不同镇的自然环境、经济发展、产业基础等特点，研究制定功能区协调发展评价指标体系，重点包括人均GDP、人均可支配收入、人均拥有财富水平及公共服务提供水平、可持续发展潜力等关键性指标，并根据发展情况适时动态调整。科学评价功能区发展状态，准确把握促进区域协调发展的重点和方向，跟踪分析区域协调发展情况。研究区域类型划分，细化区域政策单元，明确支持区域发展政策的基准线，为完善区域政策实施提供科学基础。

建立功能区组团利益捆绑机制，围绕共建科技园区、共建公共服务项目、一般项目跨区流转等方面，支持各镇以生产要素定价形成一定股权比例入股东莞市松山湖控股有限公司，实现东莞市松山湖控股有限公司对功能区的生产要素统筹管理，完善利益共享机制，实现利益捆绑协同发展。推进功能区各组团联合设立创新发展投融资平台，综合运用政府债券、公共私营合作制（PPP）等方式筹措资金推进功能区建设。

> 构建功能区管理人员交流机制，建立功能区内部的人事安排的统筹机制，通过联席会议制度等制度压实功能区各组、团的行政管理人员统筹管理职责，通过编制调整、干部借调等形式推动市直部门下沉审批力量。率先使用园镇政务服务一体化平台，实现行政审批服务事项"跨镇通办"。
>
> 探索设立松山湖功能区协同发展专项资金，由松山湖高新区及功能区九镇共同出资设立协同发展专项资金，聚焦功能区创新创业环境优化、创新成果转化、创新创业人才引进和培育、功能区建设的重大事项。

2. 加强工业用地节约集约管理

合理规划整合现有土地资源，积极争取提高土地容积率，促进园区紧凑高效发展。加快现有闲置建设用地、商务楼宇和工业厂房改造，为新兴产业发展提供用地支持。参考厦门国家火炬高新区的做法，创新供地机制，实行弹性租让，建立工业用地"租让结合，先租后让"供地制度。加强批后监督，强化履约检查，建立工业用地项目土地利用绩效评估制度。加大低效利用土地处置力度，实施"腾笼换鸟"，土地资源优先向优质项目转移配置，提高园区土地产出效益。

第十一章

完善科技型企业梯度培育，营造一流创新创业生态

> 突出企业创新主体地位，构建以科技型中小企业为基础、高企为骨干、科技领军企业为引领的创新企业集群。推动政策、项目、资金、人才等要素向企业集聚，营造创新创业良好氛围。

一、加强高成长性企业梯队培育

1. 完善企业培育机制

建议开展松山湖高新区存量企业的调查与评估，借鉴佛山国家高新区做法，制定差异化的企业创新评价指标体系，筛选出一批创新能力强、成长潜力大的硬科技企业，建立潜力初创型、成长型、骨干型企业培育库，健全科技企业全生命周期服务机制。围绕高企、专精特新企业、瞪羚企业、独角兽企业培育，完善出台定制化的企业扶持政策，培育一批根植于松山湖高新区、掌握核心技术的硬科技企业。

专栏 1

佛山国家高新区"企业创新积分制"

制定《佛山高新区企业创新积分制试点工作方案》，建立企业创新积分服务系统，每年根据积分排名评选高新区创新积分百强企业，发掘一批优质硬科技企业，并将创新积分评价结果融入各项政策，对创新能力强的企业进行全周期精准扶持；推动创新积分评价结果应用于全市各级各部门的科技产业扶持政策，全面扩大应用范围；推动投融资机构主动对接创新积分排名靠前的企业，为企业提供直接投资、间接融资和增信支持等服务。

---

2. 支持企业扩大发展规模

加强科技企业的财政支持和政策扶持，形成"科技型中小企业—高企—瞪羚企业—百强企业—双三企业—双五企业"培育梯队。利用大数据建立"小升规"重点企业培育库，配套出台激励政策，率先推动金蝶云科技、朝歌科技、锐易电子、东沣新能源等企业上规模；设立产业发展基金，培育一批专精特新的"隐形冠军""小巨人"企业；鼓励宏川集团等重点企业通过兼并重组等方式加速扩大企业规模。

> 专栏 2
>
> ### 松山湖高新区推进企业梯度培育措施
>
> **1. 推动科技型中小企业培育与发展**
>
> 依托松湖华科产业孵化园、中科云智国家级众创空间等孵化载体，加快孵化培育一批科技型中小企业。完善中小企业跟踪服务机制，为企业提供全方位专业化优质增值服务、科创金融服务等，大力培育一批创新能力强、市场占有率高、质量效益优的行业"小巨人"和"单打冠军"。
>
> **2. 实施高企育苗造林计划**
>
> 以培育扶持自主品牌企业为抓手，量质并举扩大高企集群。健全高企引进培育机制，着力布局高企成长转化后备梯队，加强跟踪对接服务，引导资本、技术、人才向高企集中，促进科技型中小企业加速成长为高企。
>
> **3. 培育瞪羚企业**
>
> 支持大中型企业、新型研发机构、科技企业孵化器等孵化培育科技型企业，加快培育一批成长速度快、创新能力强、专业领域新、发展潜力大的瞪羚企业。
>
> **4. 培育百强企业**
>
> 加大对百强企业的研发和人才引进等方面的全面扶持，引导各类创新要素向企业集聚，支持规模大、带动力强的高企融入全球研发创新网络，加速成长为具有国际竞争力的创新型龙头企业。
>
> **5. 探索培育未来型企业**
>
> 围绕材料科学、信息科学、生命科学等专业领域，聚焦未来前瞻性技术领域，瞄准原创性、颠覆性或与重大工程密切相关的技术成果，重点支持成

果转化能力、技术迭代能力较强的创业团队创办未来型企业。

6. 加快形成上市企业集群

建设上市企业资源储备库，加大财税奖补力度和范围，分类指导推进企业上市挂牌。

3．提升企业创新能力

支持企业设立高水平研发机构，出台培育企业级研发机构的意见或措施，将国家级、省级、市级企业技术中心梯队培育作为重点工作来抓；重点推动科技企业积极参与国家重点实验室、高水平研究院所等的建设；支持企业打造具备高端技术研发、应用和生产能力的旗舰制造工厂；引导企业面向国家需求和长远发展加大研发投入力度，落实国家关于企业投入基础研究税收优惠、研发费用加计扣除、高企所得税减免等政策。

专栏 3

推动松山湖高新区企业研发机构全覆盖

鼓励规上工业企业独自建设或与高校、科研院所、新型研发机构合作共建研发机构，加强产学研协同创新。对首次建立有效研发机构的规上工业企业，给予资金支持。围绕园区重点产业领域，支持建设一批省级以上技术创新中心、工程技术研究中心、联合实验室、重点实验室等高水平研发机构。鼓励企业加大研发投入，按企业享受加计扣除政策实际减免的所得税额给予适度奖励。通过项目配套或奖励等方式，支持园区企业申报国家级、省级、市级基础与应用基础研究、重点领域核心技术攻关等科技项目。对跻身中国科学十大进展的项目、获得省级以上科学技术奖的项目，给予奖励。

第十一章　完善科技型企业梯度培育，营造一流创新创业生态

> **专栏 4**
>
> **苏州工业园企业高端平台支持措施**
>
> 对获评国家级制造业创新中心、产业创新中心、技术创新中心的，按不超过其建设总投入的 30%、最高给予 3000 万元奖励；对获评省级制造业创新中心、产业创新中心、技术创新中心的，按不超过其建设总投入的 20%、最高给予 500 万元奖励；对获评苏州市自主品牌大企业与科技领军企业先进技术研究院的，按不超过其年度研发投入的 20%、每年最高 2000 万元给予奖励，奖励年限最长 5 年。

4. 完善孵化服务体系

搭建专业化、市场化的创业孵化平台，引导围绕重点发展产业建设标杆型硬科技孵化器；支持将老旧厂房、闲置楼宇等存量空间改建为多功能、低成本的社区型孵化器；支持大学科技园创新发展。完善创业孵化支持政策，引导孵化载体提升资本对接、链接高端服务资源等能力；支持孵化器与专业机构联动，强化产业技术服务、知识产权、人力资源、场景供给、市场拓展等专业服务。借鉴苏州工业园金鸡湖创业长廊的模式，依托松山湖国际创新创业社区建设，加快品牌孵化器引进建设，汇聚低成本、便利化、全要素、开放式的众创空间，积极举办各类创新创业活动，打造一体化创新创业生态圈。

> **专栏 5**
>
> **苏州工业园打造金鸡湖创业长廊**
>
> 金鸡湖创业长廊是苏州工业园为推进"大众创业、万众创新"而打造的创新服务集聚区，引导和发挥创业服务组织的资源整合和服务能力，汇聚了一批低成本、便利化、全要素、开放式的众创空间，为创业者营造了系统的、一揽

子的培育孵化加速环境。金鸡湖创业长廊已成为苏州工业园创业、创新的缩影和地标。

二、促进行业科技领军企业发展壮大

1. 支持科技领军企业布局创新链

支持科技领军企业布局基础研究，提出基础研究和应用基础研究重大问题清单。支持科技领军企业联合高校、科研院所整合集聚创新资源，共建跨领域、大协作、高强度的创新基地，推动重点领域项目、人才、资金一体化配置。支持科技领军企业牵头组建产业技术创新联盟、产学研共同体等，在技术标准创制、共性技术攻关和国际合作等方面形成协同。借鉴苏州工业园做法，支持科技领军企业建设专业化众创空间，放大市场、技术、资本、人才等资源溢出效应，加速硬科技初创企业成长；支持建设场景应用创新中心，面向中小微企业开放科技设施平台、数据、技术验证环境等。

专栏 6

苏州工业园行业科技领军企业支持措施

鼓励行业龙头企业等社会力量在园区开办众创空间，经认定或评估后给予众创空间房租减免、启动资金、创业辅导奖励等一系列支持。

鼓励"链主"企业建设制造业公共服务平台，对经评审认定的平台，给予最高1000万元奖励。特别重大的，按"一事一议"予以支持。平台运营期间通过年度考核的，按不超过其年度设备投入的50%、最高200万元给予奖励。

支持项目招引和兼并重组，详见本章专栏4。

2. 加快科技领军企业培育

借鉴常州国家高新区做法，制定专门的科技领军企业培育支持政策，明确准入门槛、培育规模，完善服务机制，采用"一企一策、一事一议"等方式，围绕技术创新、品牌建设、经营管理、人才引育、产业链供应链布局等方面给予重点扶持，争取培育一批创新能力强、引领作用大、研发水平高、发展潜力大的行业科技领军企业。

专栏 7

常州高新区龙头企业培育方案

根据《常州国家高新区（新北区）关于加快培育发展"1115"大企业集团攻坚行动方案》，建立大企业集团培育库并实施动态管理，对于在库企业在有效投入、创新驱动、品牌建设、"智改数转"、股改上市、兼并重组、人才引育等领域的重要事项，采用"一企一策、一事一议"的方式给予重点扶持。鼓励在库企业优先实施供应链本地化部署，鼓励企业主动加入国内外知名头部企业供应链体系。对于涉及在库企业的审批项目，全部纳入"绿色通道"。优先支持在库企业向上争取各类专项资金。

三、强化对企业创新的人才和金融支持

1. 加强创新型企业家培养

围绕新一代信息技术、智能制造等领域，培养一批具有国际化视野、新兴商业战略、熟悉新兴技术路径的创新型企业家，倡导勇于改革、敢于试错的创新型企业家精神，鼓励创新型企业家开展商业模式验证实验，为创新型企业家链接相关专利技术、资源共享服务、投融资服务等高端创新资源，塑造松山湖高新区特有的创新型企业家精神。

2. 强化对企业青年、骨干人才支持

积极拓宽引才育才渠道，支持本土高校向企业输送实习或就业人才，开展"订单式"培育；深化产教深度融合，联合高校、科研机构、企业共同设立产业学院，加强"创新型、复合型、应用型"人才培养。建立健全松山湖高新区青年人才支持措施，推动青年人才政策向企业倾斜，借鉴厦门国家火炬高新区、珠海国家高新区等做法，在实习补贴、人才住房、求职对接等方面对在重点企业实习就业的高校学生或应届毕业生给予优先支持。加强企业骨干人才队伍建设，选拔、支持一批高层次管理人才、技术骨干人才和高技能人才。参考厦门国家火炬高新区做法，对重点发展产业中层以上技术人才和管理人才给予个税奖励。

专栏 8

健全松山湖高新区人才支持措施

1. 着重解决人才住房问题

建立租售并举的人才安居体系，统筹调配商住项目配建房源，支持在高校内共建人才房，争取"十四五"期间新建 10 000 套租赁型人才住房，新增配建 3000 套商品住房；加快构建商品住房、租赁住房、保障性住房、人才住房等多层次住房体系，谋划建设环境优越的人才社区、青年创新人才公寓，解决不同层次人才的住房需求；探索建立松山湖高新区商住项目配建房源的统筹调配机制，优先供应高端人才；完善人才房管理服务，成立专业化运营管理公司，在松山湖高新区人才房建设、运营、管理和维护等方面提供专业化服务，保障居住环境与居住服务质量。

2. 健全人才金融支持措施

成立各类人才发展基金，建立人才发展资金稳定增长机制，重点打造"科技+金融+人才"的创业新生态；加大新引进人才住房补贴、安家费等补助力度，切实解决人才后顾之忧，不断提升松山湖高新区人才吸引力。建立人才创新基

金，由政府支持的民营创投机构出资设立，专业从事人才投资。对于和园区产业发展方向契合的相关大学或科研院所，通过人才基金资助相关科技活动，赞助其旗下的优秀人才及人才团队的科研项目，尤其是与园区企业的联合研究项目，为园区奠定创新的软硬件基础。建立人才产业基金，人才产业基金由政府支持的创投机构出资，引导社会资本出资设立，主要聚焦新型产业企业、高科技企业及园区产业生态范围内的中小企业的创业投资，尤其是初创阶段的投资，并设立完整的退出机制。相对于一般产业基金，人才产业基金着重关注人才的能力、影响力、信用等要素，协助人才实现其创业及产业发展。建立创业信用金，信用金是对现有人才的金融服务补充，相对现有创业贷款，信用金额度更高、期限更长、还息不还本时限更久，部分受到鼓励的创业项目可享受绿色通道审批，获得千万元级别的信用贷款。

3. 完善人才评价激励机制

引入专业的第三方机构参与人才评价，建立以市场为导向的人才评价机制，针对各层次、各种类人才的引进和培育，实施相应激励政策；针对科技创新业绩突出、成效显著的人才，开辟高级职称评审服务绿色通道。

4. 实施更加开放的人才政策

探索对部分重点大科学装置、基础研究平台和研发机构赋予市级人才评价权限，探索对特定"双聘制"高端人才给予与全职引进人才同等政策待遇。支持科研事业单位建立灵活薪酬机制。支持以项目绩效为导向，对创新团队、高层次人才团队等实施更大力度的激励性补助奖励政策。

专栏 9

厦门国家火炬高新区、珠海国家高新区人才支持措施

1. 厦门国家火炬高新区

（1）大学生实习。对进入重点企业实习的全日制本科及以上在校生，实习期间，提供实习生免租公寓。免租公寓以企业实际经营地址为准，按就近原则提供。就近房源不足的，按每人 500 元／月给予租房补贴，最长 3 个月。对全日制本科及以上大学生，进入重点企业顶岗工作的，给予每人 500 元／月见习补贴，同时提供免租公寓或租房补贴。见习期相关补贴计算时间从毕业前一年内收到企业入职通知书起，至与企业签订劳动合同止，最长不超过半年。

（2）**中层以上技术人才、管理人才**。支持企业申报厦门市重点发展产业中层以上技术人才和管理人才奖励、"三高"（高技术、高成长、高附加值）企业人才综合贡献奖励。对重点发展产业中层以上技术人才和管理人才给予个税奖励。对"三高"企业聘任的年工资薪金个人所得税在 10 万元（含）以上的各类人才，给予工资薪金个人所得税奖励。

2. 珠海国家高新区

（1）**青年学历人才**。加快建设青年驿站，为来高新区求职的毕业大学生和未就业青年（含留学生）提供 7 天内免费就餐、免费住宿服务。对我区企业新引进非本市户籍且在本市无自有住房的青年学历人才，给予每人每月 600 元至 1000 元不等的租房补贴，最长 24 个月。支持港澳青年人才在我区创新创业，新引进的港澳本科以上学历人才可享受市区新引进青年人才租房和生活补贴政策，年龄在市政策基础上放宽 5 岁。对港澳青年来我区创业的，符合条件的按规定给予一次性创业资助、创业租金补贴、创业带动就业补贴、创业孵化补贴、创业培训补贴、创业担保贷款和贴息等。

（2）**高校实习人才**。珠海市高校在校学生到我区企业实习的，给予每人每月 1000 元，最长 6 个月的实习补贴。到我区企业实习的市外高校在校学生留区内企业工作的，可以按照每人每月 1000 元补发实习补贴，补发时间最长 6 个月。到我区企业实习、见习的港澳高校在校学生，给予每人每月最高 3000 元、最长 6 个月的实习、见习生活补贴。鼓励本市高校推荐在校学生到企业实习，按照每人 1000 元的标准给予高校补贴。

第十一章 完善科技型企业梯度培育，营造一流创新创业生态

3. 完善对企业融资支持

强化信贷、保险、担保和融资租赁等对科技企业的支持，借鉴佛山国家高新区、常州国家高新区的成功经验，探索推出松山湖高新区版本的"企业创新积分榜"+"科创积分贷"，通过榜单为企业增信授信，引导金融机构和担保机构开展精准化金融服务，有效解决企业融资困难问题。不断拓宽多元融资渠道，推动知识产权证券化发展。聚焦松山湖高新区重点产业，按照"政府引导、企业参与、市场化运作"原则，探索发行知识产权证券化项目，借助国资主体强信用优势，通过专利许可收益交易等方式进行融资。借鉴苏州工业园做法，推进知识产权金融深化工程，组建知识产权金融服务联盟，打造贯穿企业发展全生命周期的知识产权"质押融资、保险、投资基金、融资租赁、证券化"的金融支持全链条。

专栏 10

松山湖高新区科技金融体系建设

1. 构建多样化投融资体系

完善股权融资、债权融资体系建设，针对初创期、成长期、成熟期的全生命周期不同阶段融资特点定制金融产品，解决园区科技型企业的融资与发展需求。

2. 推进科技金融服务平台建设

打造专业化科技金融服务平台，完善天使投资、创业投资、融资担保、小额贷款、融资中介、改制上市辅导等多种科技金融服务功能，协助解决园区企业的融资需求。

3. 完善政府政策配套

进一步完善中小微企业融资风险补偿资金池管理办法、促进基金业发展实

施办法、促进科技金融发展实施办法、鼓励企业上市挂牌奖励办法等园区金融政策；丰富政策性金融产品。

4. 加大科技金融投入

发挥政府资金引导与支持作用，重点围绕大科学装置与创新基地建设、创新创业支持、科技成果转化、信贷补贴与风险补充等领域，充分发挥财政资金的杠杆作用，带动社会资金投入；加强与市属国有金融平台合作，设立松山湖高新区天使投资基金，直接股权投资园区创业企业，扶持各类基金在松山湖高新区集聚发展，构建支持园区创业企业全生命周期发展的天使投资、创业投资、私募股权投资等投资体系。

5. 加强大湾区交流合作

加强与深圳等地区金融资本溢出的衔接，鼓励大湾区内国有金控平台、风投机构、天使基金等在园区设立产业引导和并购基金与开展金融服务。

专栏 11

常州高新区"科创积分贷"

政府设立"科创积分贷"信用贷款风险补偿资金，合作银行提供最高20倍于"科创积分贷"信用贷款风险补偿资金规模的贷款总额度，根据创新积分档级为企业提供不同额度的信用贷款。

合作银行可以根据创新积分档级为企业提供不同额度的信用贷款，具体信用额度为：积分30分（含）～50分，最高信用额度100万元；积分50分（含）～100分，最高信用额度300万元；积分100分（含）～200分，最高信用额度500万元；积分200分（含）以上企业，最高信用额度800万元。

第十一章 完善科技型企业梯度培育，营造一流创新创业生态

> **专栏 12**
>
> ### 苏州知识产权证券化项目
>
> 聚焦生物医药"一号产业"，苏州于 2020 年 12 月发行首期知识产权证券化项目，项目涉及 8 家企业共 67 件授权专利，均为生物医药中小企业。苏州融华租赁有限公司为项目发起人，苏州元禾控股股份有限公司为项目增信方，储架规模 10 亿元，信用评级 AAA，每期产品最长可至 3 年。第一期发行金额 4500 万元，票面利率为 3.95%，涉及 8 家企业 67 件授权专利，均为生物医药中小企业，主要分布于"高端仿制药及复杂制剂开发""心血管疾病精准诊断与治疗""植入类医疗器械产品"等领域。
>
> 2021 年 12 月，聚焦医疗器械产业，苏州市发行第二个知识产权证券化产品。此次发行的医疗器械产业知识产权证券化产品紧扣苏州高新区医疗器械产业特色，打造产业专利池，计划总规模 3 亿元，信用等级 AAA，采用分期方式发行，首期选取 7 家创新能力强、知识产权价值高的企业共 67 件专利，均为医疗器械中小企业。

第十二章

构建全面开放创新格局，提升园区国际竞争力

> 以国际化优势显著的高新区为标杆，从创新创业国际化、经济产业贸易国际化和营商环境国际化等方面着手，因地制宜地制定国际化建设举措，增强园区对外吸引力、产业国际竞争力、区域辐射带动力。

一、提升创新创业的国际化水平

1. 加大世界 500 强企业的引进力度

围绕主导产业,锁定境外目标区域、目标企业,多频次、点对点、一对一地开展以培育产业集群为目标的产业链招商。实施境外招商"窗口前移",在有密切经贸往来的国家和地区,依托境外商务机构、知名商协会和园区驻外企业,聘请一批招商顾问、招商代理开展境外招商、委托招商、中介招商。努力建设一支熟悉国际惯例、市场规则、产业政策、招商实务的顾问型、专业化产业招商团队,借鉴常州国家高新区的招商模式,采取"专班招商、云招商、小分队招商"等灵活多样的形式,优化升级重大项目服务机制,构建"一库统筹、一图索引、一室指导、一单预审、一次发证"服务模式。在政策上可借鉴苏州工业园、成都高新区的模式,对不同类型企业落户、资金到位、总部提升给予奖补。

专栏 1

松山湖高新区精准招商策略建议

根据"1+3+1"产业体系,明确引进主题、方向、布局,确定依托的对象和引进主体,落实专门人员、经费、方案和时段,切实做好精准招商引资统筹工作。进一步明确产业引进的资源配套,从土地、金融、科技、人力资源、政府项目等方面给予重点支持。通过招商引资补齐产业的短板,形成新的产业增长极与竞争优势,优化产业结构。

1. 提质增效

严格筛选项目,提升项目质量,依据松山湖高新区产业发展企业指导目录等文件重点引进产业规模大、带动能力强的重大产业项目和领军人才团队。以培育千亿元级支柱性产业及提升产业竞争力为目标，重点瞄准新一代信息技术、生物、智能制造装备、新能源、现代服务业等优势企业，进一步加强招商选资力度，通过强化招商引资的导向及招商选资，加快一批高、精、尖项目的引入，加速产业结构的转型升级。严格准入门槛，提升项目效益，原则上入驻松山湖高新区的企业税收额不低于100万元／亩。加大存量闲置厂房、土地的整治和开发力度，大力推动"三旧"改造，支持和引导企业在东莞提高产出和贡献。

2. 突出载体

突出三大产业基地、松山湖科学城等重点园区，将其打造成重大项目的平台和带动全市经济增长的强大引擎。同时引导松山湖高新区在资源配置上向周边六镇倾斜，进一步提升周边镇的招商承载能力。突出"三旧"改造区，大力推动低端产业转型升级，分类实施工业园区改造升级，通过综合整治将传统工业园升级为创新型产业空间载体，为新兴产业发展腾挪空间。

3. 创新方法

建立健全一系列招商引资优惠政策、统筹招商机制、项目落户服务政策、项目跟踪与考核机制。在坚持行之有效的以商引商、委托招商、登门招商等传统招商方式的同时，积极探索以资引商、城市品牌招商、以需引商和信息化招商等新方式，全面提升招商引资规模和质量。

4. 精细化统筹

转变大量消耗土地的粗放型招商方式，园区通过高度的统筹精细化招商选资，针对目前松山湖高新区片区招商引资职能分散的情况，加快建立独立的专业化招商引资服务机构，统筹辖区内的招商引资工作。

专栏 2

苏州工业园促进总部经济高发展奖励措施

苏州工业园促进总部经济高发展奖励措施如表 12-1 所示。

表 12-1　苏州工业园促进总部经济高发展奖励措施

类　别	奖励措施	奖励内容
综合型总部	落户奖励	对于 2020 年 1 月 1 日之后新引进的综合型总部,自落户之日起,地方经济贡献前 2 年给予 100%奖励,第 3~5 年给予 50%奖励
综合型总部	经营奖励	对于新认定为综合型总部的存续企业及存续总部企业,地方经济贡献较上年增量部分给予 80%奖励
	租金补贴	对于 2020 年 1 月 1 日之后落户的综合型总部,租用办公用房(不包括附属设施和配套用房)用于总部办公的,自次年起 3 年内给予不超过实际支出 50%的用房补贴,补贴面积不超过 2000 平方米,每家总部企业补贴总额不超过 500 万元
功能性机构	落户奖励	对于 2020 年 1 月 1 日之后新设立的功能性机构,自落户之日起,功能性收入产生的地方经济贡献前 2 年给予 100%奖励,第 3~5 年给予 50%奖励
	经营奖励	对于新认定为功能性机构的存续企业及存续功能性机构,功能性收入产生的地方经济贡献较上年增量部分给予 80%奖励
	租金补贴	对于 2020 年 1 月 1 日之后落户的功能性机构,租用办公用房(不包括附属设施和配套用房)用于总部办公的,自次年起 3 年内给予不超过实际支出 50%的用房补贴,补贴面积不超过 1000 平方米,每家总部企业补贴总额不超过 300 万元
创新型总部	采取"一事一议"办法进行奖励	

专栏 3

成都高新区加快聚集高能级 500 强企业相关政策措施

对于首次签约引进企业,给予最高 1000 万元奖补。经认定的新引进企业总部,根据其注册之日起一年内实缴注册资本按照比例给予奖补,最高可达 1 亿元。

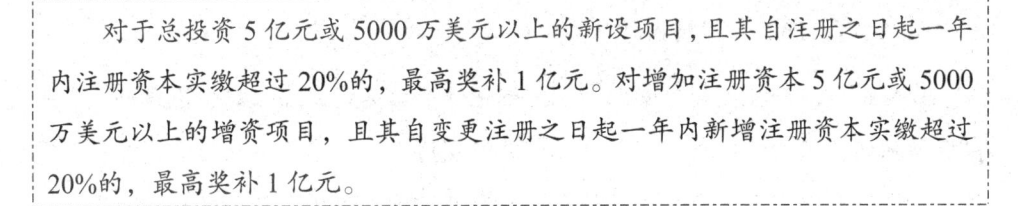

第十二章 构建全面开放创新格局，提升园区国际竞争力

> 对于总投资 5 亿元或 5000 万美元以上的新设项目，且其自注册之日起一年内注册资本实缴超过 20%的，最高奖补 1 亿元。对增加注册资本 5 亿元或 5000 万美元以上的增资项目，且其自变更注册之日起一年内新增注册资本实缴超过 20%的，最高奖补 1 亿元。

2. 加强创新的国际化布局

在智能制造和智能终端产业加强与欧洲发达地区的合作，通过产业创新平台集聚智能制造产业资源。支持海外高校院所、大型跨国企业等在园区设立研发中心、技术研究院、科技合作平台等。鼓励龙头企业设立海外研发机构、离岸创新中心、国际共享平台等，在全球创新密集地区布局离岸孵化器，整合利用国际创新资源，组建专业服务团队，设立创新孵化基金，孵化培育海外高层次人才的创新创业项目；支持具有发展前景的孵化项目在松山湖高新区加速推进，探索建立"海外孵化、松山湖加速"的企业培育模式。建设国际化技术交易市场，探索共建联合实验室、技术转移中心、技术示范推广基地等国际科技创新合作平台，鼓励技术转移机构创新服务模式，为企业提供跨领域、跨区域、全过程的技术转移集成服务。加强主要贸易国家或地区知识产权保护法治环境分析研究和成果发布，引导企业等市场主体有效利用知识产权国际规则，重点面向主要贸易国家或地区、"一带一路"沿线和 RCEP 成员，积极开展海外知识产权布局，广泛开展知识产权贸易，拓展海外市场竞争力。

3. 打造高层次的开放平台

积极参与国际性会议，充分利用好数博会、高交会、广交会、服贸会、进博会等全球性产业大会，深度参与布展、论坛、峰会等，创造机遇对接产业前沿和科技尖端，做好展会推广和资源集聚，扩大园区品牌国际化影响。深度推进与知名国际组织、跨国公司合作，积极承办国际性赛事，加大对外推介力度，提高园区国际知名度。鼓励引进国际科技合作组织，鼓励成立材料、物理等领域的国际合作联盟组织。构建多元包容的城市文化形态，打造国内外有影响力的文化艺术交流平台，提升城市文化品位和品质。

4. 大力引进海外科技人才

设立针对海外华人科学家归国创业的招才引智基金，加大对引进海外顶尖的高层次科研团队和海外青年创新创业团队的支持力度。借鉴苏州工业园经验，根据产业发展布局，促进企业进行外资合作，通过项目引进全球技术和国际人才，构建以企业需求为导向的分类引才施策机制，为重点企业精准引进海外人才提供便利。积极发展中外合作办学，重点扩大外国留学生国别来源、留学类别和规模。构建更加开放的人才合作共享机制，实行粤港澳大湾区外国高端人才互认，加速大湾区人才要素向松山湖高新区流动。构建以信用为基础的"一网通办"审批机制，对守信主体开通简化材料绿色通道，简化外国人才引进程序。优化人才服务，实行外国高端人才服务"一卡通"，建立外国高端人才安居保障、子女入学和医疗保健服务绿色通道。

专栏 4

苏州工业园关于外国人才工作生活便利化服务若干举措

1. 外国高端人才长三角互认

已在长三角地区取得 A 类工作许可的外国人才到苏州自贸片区工作，可免于提交相关证明材料，直接认定为外国高端人才；兼职创新创业，也无须重新申办或变更工作许可、居留许可。

2. 便利外国高端人才引进程序

对于外国高端人才，不超过 3 个工作日即可完成工作许可审批；对于符合条件的外国高端人才，现场审批、现场发证，最大限度精简办事材料、压缩办事时限、优化办事流程，以最高效率、最快速度助力企业引进外国高端人才。

3. 构建以企业需求为导向的分类施策机制

根据产业发展布局，建立"自贸区创新企业"等 9 张清单，清单内企业聘

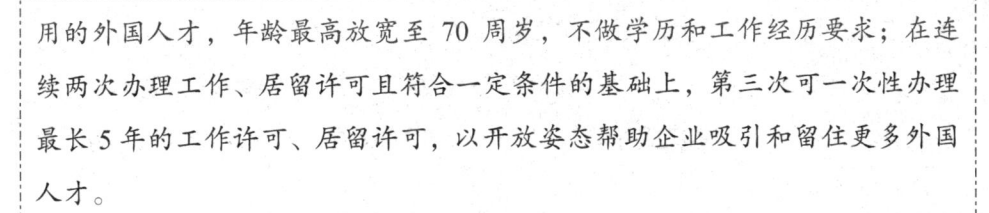

用的外国人才，年龄最高放宽至 70 周岁，不做学历和工作经历要求；在连续两次办理工作、居留许可且符合一定条件的基础上，第三次可一次性办理最长 5 年的工作许可、居留许可，以开放姿态帮助企业吸引和留住更多外国人才。

4. 外国人才支持保障体系

助力人才发展，在全国首创以产业分类的国际职业资格比照认定职称通道；支持人才创业，在全省首创允许创业期内入驻孵化载体的外国人才办理工作许可；优化人才服务，在全市首创外国高端人才服务"一卡通"工作，建立外国高端人才安居保障、子女入学和医疗保健服务绿色通道。

二、扩大经济贸易的国际化程度

1. 加强中外合作产业园建设

根据苏州、常州、佛山等标杆高新区的发展经验，建设中外合作产业园是实现国际产能对接的有效途径。结合园区主导产业，集中力量建设 1~2 个规模大体量、产业高层次、政策差别化的中外合作园区，打造对外开放的新亮点，争取成为产业高端化、环境国际化、管理现代化的对外开放合作示范园区。

专栏 5

中以常州创新园

中以常州创新园是国内首个由中国和以色列两国政府共建的创新示范园区，于 2015 年成立，在全国中以合作领域保持合作机制领先、合作模式领先、合作成果领先。根据中国以色列常州创新园官网最新数据，截至 2023 年 1 月，园区已集聚以色列独资及中以合作企业 188 家，促成中以科技合作项目 46 个，涵盖了生命科学、现代农业、智能制造、新材料等诸多新经济领域；并建成了以色列江苏创新中心、中以国际技术转移投资中心等一批创新平台及载体。先后被科技部认定为"国家医疗器械国际创新园"，被国家发展改革委认定为"中以高技术产业合作重点区域"。

专栏 6

中德工业服务区

2011年，佛山市提出在佛山新城建设中德工业服务区，致力于建设以智能制造为方向的先进制造业和以生物医药产业为代表的战略性新兴产业。2015年，园区正式启用中欧中心，打造中德工业服务区最高端的中欧企业服务平台。截至2018年1月，园区已经集聚上百家企业，涵盖智能制造、生物医药、研发设计、科技及环保等领域，包括德国欧司朗亚太区总部、德国安联财险佛山分公司、德国瑞曼迪斯工业服务国际有限公司、德国史太白技术转移中心等一批德国（欧洲）知名企业，发展成为中欧（中德）技术和市场对接的重要连接点。

2. 大力发展对外贸易

大力培育出口品牌，重点支持园区内具有自主知识产权、自主品牌的企业及成套设备出口企业，培育以技术、品牌、质量和服务为核心竞争力的新优势。加快建设区域国际电子商务平台，鼓励企业借助国际知名网站开展跨境贸易电子商务业务，积极发展新兴国际贸易。

专栏 7

实施松山湖高新区质量品牌强企行动

着力营造良好的产业发展环境和公平竞争的市场环境，加强对出口导向型产业的产品质量检测力度，树立松山湖高新区制造口碑。引进具有国际影响力的品牌评价和认定机构，鼓励园区和产业链特色鲜明、企业比较集中的镇创建

> 名牌试点区、示范区，培育一批知名品牌。坚持标准引领，在重点行业逐步采用与国际先进水平接轨的质量标准，鼓励骨干企业主导和参与国际、国家和省市及行业标准的制定、修订。依托区域优势企业和产业集群，支持申报驰名商标、名牌产品及地理标志保护产品，探索以松山湖高新区作为一个整体的地理标志品牌。鼓励传统优势产业加工贸易型企业创立自主品牌，强化区域品牌、集群品牌和民族品牌建设，支持质量升级和品牌"走出去"，推动传统优势产业著名品牌从区域性品牌向全国性和国际性品牌跃升。

3. 建立完善"走出去"政策服务体系

编制园区对外投资指南，搭建洽谈交流平台，促进园区内企业与龙头央企抱团，与区域外大企业联手，共同承接境外项目落地建设，提高实际利用外资水平。完善对外投资合作安全预警、风险防范和境外突发事件应急处理机制。设立重点区域发展的国际化发展专项资金和促进企业、产业升级的基金支持，制定并支持"走出去"政策，在财税、融资、信息、服务等方面对园区内原有规模和品牌竞争力强的企业进行重点扶持。

三、打造国际化、便利化的营商环境

1. 优化企业服务和监管

树立国际规则意识，对接国际标准，探索与国际接轨的经济运行方式，完善公平竞争制度，预防和制止排除竞争、限制竞争的行为，维护公平公正、开放包容的市场发展环境。进一步理顺政府和市场的关系，优化涉外政务法治环境，建议学习借鉴自贸试验区高效综合的服务型政务管理机构及模式，如表12-2所示，成立综合审批机构、综合监管机构、综合服务窗口、综合协调机构，筹建合同纠纷、破产办理、知识产权保护等专业机构，解决企业实际需求，推进简政放权、放管结合、优化服务改革，加快探索营商环境法治化、国际化、便利化，推动贸易便利化和金融开放创新。

表 12-2 自贸试验区高效综合的服务型政务管理机构及模式

类别	机构改革	机制创新
综合审批	成立综合审批机构，整合国家发展改革委、工商、规划、国土等部门行政审批职责，集中办理项目投资、市场服务、规划建设、社会事务等方面的行政审批事项	建立"一个机构负责、一个印章管理"的综合审批机制；实行"多证合一""证件分离"模式；实行企业投资项目承诺制等
综合监管	成立综合监管机构，整合工商、质监、食药和价格等部门市场秩序监督职能，统筹各相关部门执法力量，实现综合监管合力	建立行政执法协调指挥机制；实施"双随机、一公开"监管方式；健全守信激励和失信惩戒机制
综合服务	成立商事登记综合服务窗口、国际贸易"单一窗口"、国地税综合服务窗口、产业政策咨询服务窗口等	探索"容缺受理""一次办妥"机制，提供自助办理服务，实施业务办理全程电子化
综合协调	成立综合协商机构，整合政策研究、综合协调等相关职能，统筹推进改革创新中的协调性工作	组织研究、推动实施、跟踪评估自贸试验区改革创新政策措施及综合协调工作

2. 加强知识产权保护

建设知识产权国际服务平台，对接海外知识产权服务机构和专家资源，围绕跨境知识产权申请、运用、保护、维权等方面，提供一站式咨询和信息服务。优化知识产权服务贸易政策环境和发展举措，完善知识产权国际纠纷解决的服务机制。借鉴苏州工业园经验，建立海外知识产权风险预警和应急响应机制，定期发布相关国家和地区知识产权制度环境等信息，为出口企业、海外参展企业、海外投资企业提供知识产权预警分析服务，防范知识产权国际风险。

专栏 8

苏州知识产权海外护航计划

开展知识产权海外预警工作，重点针对北美洲、欧洲和（或）"一带一路"沿线国家及地区等侵权案件高发地区，为出口企业、海外参展企业、海外投资企业提供知识产权预警服务。完善海外知识产权维权援助体系，加快国家海外知识产权纠纷应对指导中心苏州分中心建设。鼓励行业协会和知识产权服务机构加强海外知识产权维权援助服务，推动保险机构开展海外知识产权保险业务。

3. 提供高水平公共服务配套

建设若干功能完备、设施先进、管理高效、特色浓郁的国际化社区。配套建设外籍人员子女学校（幼儿园），引进国际知名教育机构参与办学（办园）。高标准建设国际化社区医疗卫生设施。统筹建设图书馆、咖啡厅、酒吧、超市和健身休闲等场所。设立涉外综合服务站，为外籍人员提供居住登记、签证咨询、旅游观光、安全防范和困难救助等"一站式"服务。对标国际行业标准，积极引进国外知名品牌酒店，在园区内完善涉外酒店服务功能，提升服务水平。

专栏 9

松山湖国际创新创业社区建设

充分利用"成本洼地、服务高地、政策特区"等优势，完善创新创业环境，集聚优质项目、青年创新创业团队，孵化高成长性科技企业，将松山湖国际创新创业社区打造成高新区乃至全市的创新创业新标杆。

1. 建立统筹协调机制

一是建立现场指挥部，实施"指挥部+大创城公司"纵向管理模式，由市科技局、松山湖高新区和东实集团抽调人员组成现场指挥部，作为加强统筹协调社区日常问题的议事机构，并由东莞市大学创新城建设发展有限公司（简称"大创城公司"）为主执行。二是统筹各方专项资金，统筹各部门日常办公经费、社区改造专项经费、科技部门专项政策资金等，一定限额以下的由指挥部自行使用。三是强化市区两级协调，充分发挥指挥部议事协调的职能，推动市区各部门认真履行各自职责，解决社区建设发展中的各类问题。

2. 完善园区基础设施配套

一是国际化，引进国际化的商业品牌和服务平台，建设健身房、游泳池、酒吧等国际标配的生活设施，提升社区档次。二是年轻化，引进一批"网红"品牌，吸引青年人居住和逗留。三是智能化，推动社区实现5G全覆盖，通过智能识别、精确导航等技术加强园区的智能化管理。四是生态化，提高绿化率，扩大湖面面积，建设生态绿道等设施；推动建筑节能，降低能源消耗。五是便利化，在社区周边建设中小学、医院、公园等城市设施，与东莞理工学院、松山湖国际机器人产业基地等载体架设连接通道，完善公共交通，加快社区人才公寓建设，为入驻人员的衣食住行提供便利。

3. 建立全流程配套政策

一是建立项目/人员准入规则，针对创新创业项目、高成长性企业项目和服务平台项目等制定不同的准入规则，针对公租房和人才公寓制定不同的准入条件，按照规范化的评估流程进行准入评估。二是明确项目扶持措施，从场地空间、科技金融、子女入学、医疗社保等方面为入驻项目提供全方位支持。三是建立绩效考核和退出机制，每年对项目实施情况进行绩效考核，考核合格的可以继续入驻，不合格的视情况清退。四是建立完善收益分配机制，充分发挥新型研发机构和大创城公司等已入驻主体的作用，所招引项目具有良好经济社会效益的，给予招引主体一定的绩效奖励。

附录 A 评价指标体系及相关说明

一、指标体系

本书基于"创新、协调、绿色、开放、共享"的新发展理念，结合国家高新区在经济发展中的战略地位，参考国家科技部火炬中心颁布的《国家高新技术产业开发区综合评价指标体系》（2021 年版）与其他学者的研究，从自主创新能力、产业高质量发展、开放创新与区域竞争力、吸引力与可持续发展、区域辐射带动作用 5 个维度，选取 16 个二级指标、55 个三级指标构建高新区综合发展比较评价指标体系，如表 A-1 所示。

该指标体系遵循系统性、客观性、科学性与可操作性的基本原则，紧扣高质量发展的内涵，立足区域经济发展的特点，指标数量适中，覆盖面广，数据易获得。充分体现出国家高新区是发展区域创新的先驱力量、优化产业结构促进地区经济发展的前沿阵地、参与国际竞争与开放创新的先锋、全国经济可持续发展的示范区等战略定位。

表 A-1 高新区综合发展比较评价指标体系

一级指标	二级指标	三级指标
1.自主创新能力	1.1 创新投入	1.1.1 研发经费内部支出占营业收入比例
		1.1.2 财政科技支出占财政支出比例
		1.1.3 从业人员中研发人员全时当量数占比
		1.1.4 从业人员中本科及以上学历人员占比
	1.2 创新产出	1.2.1 每万人当年发明专利授权数
		1.2.2 当年每千万元研发经费支出的发明专利申请数
		1.2.3 成果转化情况

续表

一级指标	二级指标	三级指标
1.自主创新能力	1.3 创新平台	1.3.1 高校数
		1.3.2 重大科技创新载体数
		1.3.3 国家级和省级研发机构数
	1.4 创新生态	1.4.1 人均技术合同成交额
		1.4.2 国家级创业服务机构数
		1.4.3 当年孵化器、加速器和大学科技园内新增在孵企业数
		1.4.4 创投引导基金或其他政策性扶持基金规模
		1.4.5 创新政策
2.产业高质量发展	2.1 产业竞争力	2.1.1 产业体系构成与主导产业占比
		2.1.2 高技术制造业增加值占规上工业增加值比重
		2.1.3 高技术服务业企业营业收入在企业营业收入中占比
		2.1.4 园区工业增加值率
		2.1.5 高新技术产业（含战略性新兴产业）和战略性产业集群培育政策、措施比较
	2.2 企业培育	2.2.1 园区企业利润率
		2.2.2 当年净增高企数占净增入统企业数比重
		2.2.3 高企存量占入统企业存量比重
		2.2.4 上市企业数量
		2.2.5 瞪羚企业与独角兽企业数量
		2.2.6 企业培育政策比较
3.开放创新与区域竞争力	3.1 研发投入与成果国际化	3.1.1 引进技术、消化吸收再创新和境内外产学研合作经费支出总额占营业收入比例
		3.1.2 境外研发支出
		3.1.3 当年PCT专利申请量
		3.1.4 每万人拥有欧、美、日专利数量
	3.2 国际双向投资合作	3.2.1 企业外贸情况
		3.2.2 企业对境外重要项目投资与合作情况
	3.3 企业国际竞争力	3.3.1 企业营业收入中高企出口总额占比
		3.3.2 拥有世界500强企业或分支机构数量
		3.3.3 产品国际竞争力
	3.4 区域影响力	3.4.1 与周边大城市的互动
		3.4.2 在区域经济中的竞争力

续表

一级指标	二级指标	三级指标
4.吸引力与可持续发展	4.1 发展潜力	4.1.1 重大项目投资情况
		4.1.2 土地开发利用情况
	4.2 人才吸引力	4.2.1 高科技人才占园区从业人员比重
		4.2.2 人才引育政策
		4.2.3 人才房政策
	4.3 公共服务配套	4.3.1 公共服务支出占公共财政预算支出比重
		4.3.2 三甲医院数量
		4.3.3 教育资源
		4.3.4 商业、交通配套等
5.区域辐射带动作用	5.1 经济辐射能力	5.1.1 园区 GDP 占所在市 GDP 比重
		5.1.2 税收收入占所在市税收收入比重
		5.1.3 工业增加值占所在市工业增加值比重
	5.2 产业辐射能力	5.2.1 高技术制造业增加值占所在市规上工业增加值比重
		5.2.2 企业利润总额占所在市企业利润总额比重
		5.2.3 外部企业吸引集聚和对外辐射情况
	5.3 创新辐射能力	5.3.1 高层次人才数量占所在市高层次人才数量比重
		5.3.2 财政科技投入占所在市财政科技投入比重
		5.3.3 技术合同成交额占所在市技术合同成交额比重

二、指标解释及数据来源

由于公开信息偶有冲突，数据来源权威性优先级如下：科技部火炬中心数据>高新区（统计）年鉴>高新区管委会经济运行指标（高新区管委会年终工作总结、规划计划）>高新区管委会新闻报道>综合媒体报道。

1. 自主创新能力

1.1 创新投入

1.1.1 研发经费内部支出占营业收入比例

计算公式：企业研发经费内部支出核算值 / 企业营业收入。

指标解释：衡量企业研发投入强度的通用指标，反映园区企业对研发和技术创新的重视程度及投入能力。

1.1.2 财政科技支出占财政支出比例

计算公式：财政科技支出／财政支出。

指标解释：衡量财政支出中科技支出的占比，反映园区企业对科技的投入占比。

1.1.3 从业人员中研发人员全时当量数占比

计算公式：企业研发人员折合全时当量核算值／从业人员期末数。

指标解释：衡量园区企业研发人员的实际投入强度，鼓励企业引进自主创新人才。

1.1.4 从业人员中本科及以上学历人员占比

计算公式：（本科+研究生）人员数／从业人员期末数。

指标解释：衡量企业从业人员的知识结构，引导企业进一步提升从业人员综合素质，也是衡量产业结构优化的重要指标。

1.2 创新产出

1.2.1 每万人当年发明专利授权数

计算公式：企业当年发明专利授权数／从业人员期末数。

指标解释：衡量园区企业的高质量创新成果的人均产出效率，引导企业开展具有较高原创性的创新活动。

1.2.2 当年每千万元研发经费支出的发明专利申请数

计算公式：企业当年发明专利申请数／企业研发经费内部支出核算值。

指标解释：衡量园区企业高质量研发创新成果的单位经费产出效率。

1.2.3 成果转化情况

指标解释：属于定性分析指标。通过政策制定、平台服务、资金支持等方面衡量园区成果转化环境和成效。

1.3 创新平台

1.3.1 高校数

计算公式：园区现存高校数量。

指标解释：反映园区优质教育资源状况，高校是培养优质人才和进行基础研究的重要平台。

1.3.2 重大科技创新载体数

计算公式：园区现存重大科技基础设施、国家实验室、省实验室等重大科技创新载体数。

指标解释：反映园区重大创新载体规划与建设情况，这些载体是企业进行创新活动的重要平台。

1.3.3 国家级和省级研发机构数

计算公式：企业国家重点实验室数、国家级企业技术中心数、省级企业技术中心数、国家工程技术研究中心数等。

指标解释：鼓励园区积极引进和培育各类高水平研发载体，着力提升园区研发实力，特别是建立以企业为主体的技术创新体系。

1.4 创新生态

1.4.1 人均技术合同成交额

计算公式：企业技术合同成交额／从业人员期末数。

指标解释：衡量园区技术交易活跃度，体现园区科技研发服务业和科技成果转化的发展态势。

1.4.2 国家级创业服务机构数

计算公式：国家级科技企业孵化器数、科技部备案的众创空间数。

指标解释：引导国家级创业服务机构在园区聚集，反映园区整体的产业服务平台实力。

1.4.3 当年孵化器、加速器和大学科技园内新增在孵企业数

计算公式：科技企业孵化器新增在孵企业数+大学科技园新增在孵企业数+（加速器当年在孵企业数-上年在孵企业数）。

指标解释：反映创业服务机构的运营水平，营造利于大众创业的良好环境。

1.4.4 创投引导基金或其他政策性扶持基金规模

计算公式：园区设立创投引导基金额度、其他政策性扶持基金额度。

指标解释：反映园区对科技型初创企业的金融支持。

1.4.5 创新政策

计算公式：园区2019年以来出台的各类创新政策数量，包括企业培育、创新人才、产业发展、科技创新、创业服务、营商环境、产业用地、金融支持、数字化转型和知识产权等方面。

指标解释：反映园区构建的创新政策体系的完善程度，为创新活动提供政策保障。

2. 产业高质量发展

2.1 产业竞争力

2.1.1 产业体系构成与主导产业占比

计算公式：园区主导产业规上工业总产值占比。

指标解释：反映园区产业结构状况，观察主导产业带动作用，是产业竞争力的重要指标。

2.1.2 高技术制造业增加值占规上工业增加值比重

计算公式：园区高技术制造业增加值/规上工业增加值。

指标解释：反映园区高技术制造业对经济增长的贡献率，是衡量产业效率的

重要指标。

2.1.3 高技术服务业企业营业收入在企业营业收入中占比

计算公式：高技术服务业企业营业收入／所有入统企业营业收入。

指标解释：反映园区产业结构调整情况，同时强调和鼓励园区发展知识密集型服务业。

2.1.4 园区工业增加值率

计算公式：园区内工业企业核算增加值／园区内工业企业的工业总产值。

指标解释：衡量园区所有入统企业的增加值创造能力。

2.1.5 高新技术产业（含战略性新兴产业）和战略性产业集群培育政策、措施比较

指标解释：属于定性分析指标。通过对园区制定的高新技术产业和战略性产业集群培育政策、措施进行整理、对比和分析，反映园区对高新技术产业及战略性新兴产业的重视程度。

2.2 企业培育

2.2.1 园区企业利润率

计算公式：园区企业净利润／园区企业营业收入。

指标解释：衡量园区企业的盈利能力和发展绩效。

2.2.2 当年净增高企数占净增入统企业数比重

计算公式：（当年高企数-上年高企数）／（当年入统企业数-上年入统企业数）。

指标解释：衡量园区高企增长情况，反映科技型企业的培育情况。

2.2.3 高企存量占入统企业存量比重

计算公式：园区高企存量／园区入统企业存量。

指标解释：引导企业申报高企，衡量园区科技型企业的培育情况，促进产业

价值链的提升。

2.2.4 上市企业数量

计算公式：园区当年上市企业数（不含新三板）。

指标解释：反映园区中具有发展实力和质量的企业的增长情况，同时引导园区企业积极通过金融市场进行科技融资。

2.2.5 瞪羚企业与独角兽企业数量

计算公式：园区获评瞪羚企业与独角兽企业数量。

指标解释：树立科技企业标杆，发挥高成长性企业的引领支撑作用，提升区域创新体系的整体效能。

2.2.6 企业培育政策比较

指标解释：属于定性分析指标。通过总结园区颁布的企业培育相关政策，反映园区对高企、专精特新中小企业及瞪羚企业等高成长性企业的重视程度及培育力度。

3. 开放创新与区域竞争力

3.1 研发投入与成果国际化

3.1.1 引进技术、消化吸收再创新和境内外产学研合作经费支出总额占营业收入比例

计算公式：企业当年（委托境内研究院所研发费用支出+委托境内高等学校研发费用支出+委托境内其他企业研发费用支出+委托境外开展研发活动经费支出+引进境外技术经费支出+引进境外技术的消化吸收经费支出）/企业营业收入。

指标解释：衡量园区企业通过委外研发、技术引进、消化吸收再创新等方式，整合国内外创新资源进行开放式创新的情况，也反映企业外部研发投入的强度。

3.1.2 境外研发支出

计算公式：园区企业委托境外开展研发活动费用支出。

指标解释：反映园区企业在全球技术创新的整体布局，坚持"引进来"和"走出去"相结合。

3.1.3 当年 PCT 专利申请量

计算公式：园区企业当年获得 PCT 专利申请数。

指标解释：鼓励更多的企业申请境外商标和发明专利，增强企业知识产权保护意识，有利于企业运用国际规则开拓国际市场，提升国际竞争力。

3.1.4 每万人拥有欧、美、日专利数量

计算公式：园区企业当年欧、美、日专利数量 / 从业人员期末数。

指标解释：衡量园区企业海外创新成果的人均产出效率。

3.2 国际双向投资合作

3.2.1 企业外贸情况

计算公式：对外贸易企业出口情况，包括进出口总额、进口额及出口额。

指标解释：反映园区企业外贸基本情况，包括进出口规模、贸易顺差或逆差及贸易集中度等情况。

3.2.2 企业对境外重要项目投资与合作情况

指标解释：属于定性分析指标。通过分析园区企业对境外投资项目数量、资金及投资领域等的基本情况，反映园区企业"走出去"水平，鼓励企业加强境外项目投资与合作，增强竞争力和国际影响力。

3.3 企业国际竞争力

3.3.1 企业营业收入中高企出口总额占比

计算公式：高企的出口额 / 企业营业收入。

指标解释：衡量企业以自主知识产权参与国际竞争的能力，反映本土创新型企业的国际竞争力。

3.3.2 拥有世界 500 强企业或分支机构数量

计算公式：园区拥有世界 500 强企业或分支机构的数量。

指标解释：反映园区对高质量企业的吸引力和承载能力，促进园区完善基础设施及服务平台建设。

3.3.3 产品国际竞争力

指标解释：属于定性分析指标。突出园区企业具备的产品国际竞争力，促使企业加快技术创新步伐，提升产品质量。

3.4 区域影响力

3.4.1 与周边大城市的互动

指标解释：属于定性分析指标。反映园区与周边城市的互动情况，包括人才流动、产业技术合作等。园区通过与周边城市协同发展，取长补短，实现经济高质量发展。

3.4.2 在区域经济中的竞争力

指标解释：属于定性分析指标。反映园区在区域经济中的综合竞争能力，促使园区发挥示范引领和辐射带动作用。

4．吸引力与可持续发展

4.1 发展潜力

4.1.1 重大项目投资情况

指标解释：属于定性分析指标。通过总结园区建设项目数量、投资金额及项目类别，反映园区重大项目承载力，是发展潜力的重要衡量指标。

4.1.2 土地开发利用情况

计算公式：园区土地集约利用水平，包括土地开发率、土地供应率、土地建成率和待建地占比。

指标解释：反映园区土地集约利用水平，推进土地利用效率最大化。

4.2 人才吸引力

4.2.1 高科技人才占园区从业人员比重

计算公式：高科技人才数 / 从业人员期末数。

指标解释：衡量企业从业人员的知识结构，引导企业进一步提升从业人员综合素质。该指标也是衡量园区人才吸引力的重要指标。

4.2.2 人才引育政策

指标解释：属于定性分析指标。反映园区人才引育政策及措施，包括人才认定、人才引进和人才培育等方面，是衡量人才吸引力的重要指标，促进园区颁布和实施普惠性人才政策及措施。

4.2.3 人才房政策

计算公式：园区有关租房和住房保障制度。

指标解释：属于定性分析指标。反映园区有关租房和住房保障政策，是留住人才的关键因素之一。

4.3 公共服务配套

4.3.1 公共服务支出占公共财政预算支出比重

计算公式：园区公共服务支出 / 公共财政预算支出。

指标解释：衡量园区在公共服务上的资金分配，为实现公共服务配套措施提供资金保障。

4.3.2 三甲医院数量

计算公式：园区拥有的三甲医院数。

指标解释：反映园区优质医疗服务资源和水平，是吸引人才落户生根发展事业的重要指标。

4.3.3 教育资源

计算指标：重点高中数、初中数、小学数、国际学校数、双语幼儿园数。

指标解释：反映园区优质基础教育资源及水平，是吸引人才落户生根发展事业的重要指标。

4.3.4 商业、交通配套等

指标解释：属于定性分析指标。反映园区商业功能区分布、综合交通体系发展情况。引导园区完善基础设施建设，发展现代商务体系、综合交通体系，提升经济发展便利度。

5. 区域辐射带动作用

5.1 经济辐射能力

5.1.1 园区 GDP 占所在市 GDP 比重

计算公式：园区 GDP / 所在城市（区）的 GDP。

指标解释：反映园区对所在城市经济产业的贡献，引导园区发挥辐射带动作用，争做创新驱动示范区和高质量发展先行区。

5.1.2 税收收入占所在市税收收入比重

计算公式：税收收入 / 所在城市（区）的税收收入。

指标解释：反映园区对所在城市财政税收的贡献，是反映园区经济发展带动作用的重要指标。

5.1.3 工业增加值占所在市工业增加值比重

计算公式：工业增加值 / 所在城市（区）工业增加值。

指标解释：反映园区对所在城市经济产业的贡献，引导园区发挥辐射带动作用，争做创新驱动示范区和高质量发展先行区。

5.2 产业辐射能力

5.2.1 高技术制造业增加值占所在市规上工业增加值比重

计算公式：高技术制造业增加值／所在城市（区）规上工业增加值。

指标解释：反映园区对所在城市高新技术产业的贡献，是衡量园区高新技术发展程度的重要指标，有利于引导园区实现产业现代化发展。

5.2.2 企业利润总额占所在市企业利润比重

计算公式：企业利润总额／所在城市（区）的企业利润总额。

指标解释：衡量园区企业的盈利能力和发展绩效。

5.2.3 外部企业吸引集聚和对外辐射情况

指标解释：属于定性分析指标。反映园区与外部合作项目、企业研发生产布局等情况。引导园区企业加快"走出去"步伐，增强自身研发生产能力，促进园区产业高质量发展。

5.3 创新辐射能力

5.3.1 高层次人才数量占所在市高层次人才数量比重

计算公式：高层次人才数量／所在城市（区）高层次人才数量。

指标解释：反映园区高质量人才分布，引导企业加快引入创新型人才，强化创新辐射力。

5.3.2 财政科技投入占所在市财政科技投入比重

计算公式：财政科技投入／所在城市（区）财政科技投入。

指标解释：反映园区科技创新引擎动力，体现园区对科技创新资金支持力度，财政科技投入是创新发展的资金保障。

5.3.3 技术合同成交额占所在市技术合同成交额比重

计算公式：技术合同成交额／所在城市（区）的技术合同成交额。

指标解释：衡量园区技术交易活跃度，体现园区科技研发服务业和科技成果转化的发展态势。

三、比较对象选择说明及研究方法

1. 比较对象选择说明

以先进性、可比性、针对性和实效性为原则，结合科技部公布的2021年国家高新区综合评价结果，综合考虑排名、区位及数据可获取性，选择产业结构与松山湖高新区类似的苏州工业园（第4位），以及排名与松山湖高新区（第25位）接近且优于松山湖高新区的厦门国家火炬高新区（第13位）、珠海国家高新区（第17位）、常州国家高新区（第21位）作为对标对象，选择排名稍落后于松山湖高新区的佛山国家高新区（第29位）作为监测对象，通过开展比较研究，使松山湖高新区缩小与标杆园区的差距，并保持相较于竞争园区的领先优势。

◆ 专栏 1 ◆

苏州工业园

苏州工业园始建于1994年，是位于苏州东部的"新城"，是中国和新加坡两国政府间的重要合作项目，被誉为"中国改革开放的重要窗口"和"国际合作的成功范例"。苏州工业园主要包含了6个功能区：环金鸡湖中央商务区、独墅湖科教创新区、东部高新技术产业区、综合保税区、中新生态科技城、阳澄湖旅游度假区。自2012年以来，在90个国家级开发区中，商务部连续多年评定苏州工业园在环境保护、社会发展和体制创新方面居全国第1位，2016年，苏州工业园在整体发展实力和技术创新方面跃居全国第1位。

苏州工业园形成了"2+3+1"特色产业体系："2"是指新一代信息技术产业、高端装备制造产业两大支柱产业，"3"是指生物医药、纳米技术应用、人工智能三大新兴产业，"1"是指现代服务业。一些集成电路、TFT-LCD面板、汽车及航空零部件的高科技产业集群已经在园区内形成，其中在集成电路领域，已包括了从设计、芯片制造到测试的完整的产业链。截至2022年，苏州工业园累计吸引外资项目5000多个、实际利用外资323亿美元、92家世界500强企业投资了156个项目，金融类机构1014家，引育上万家科技创新型企业。截至2022年年底，苏州工业园累计吸引有效期内国家高企超过2480家，累计培育独角兽及独角兽（培育）企业180家、科技创新型企业超过10 000家，累计评审苏州工业园科技领军人才项目2654个，累计建成各类科技载体超过1000万平方米、公共技术服务平台43个。

专栏 2

厦门国家火炬高新区简介

厦门国家火炬高新区在1991年被国务院批准为全国首批国家级高新区，是全国3个以"火炬"冠名的国家高新区之一。厦门国家火炬高新区获得国家高新技术产品出口基地、国家海外高层次人才创新创业基地、国家双创示范基地等18块"国字号"招牌，是福厦泉国家自主创新示范区厦门片区核心区。经过30多年发展，已经成为厦门创新驱动发展主引擎、创新创业主平台、"三高"企业集聚地及厦门千亿产业链（群）主要载体。

立足"发展高科技，实现产业化"，厦门国家火炬高新区实施"一区多园"跨岛发展战略，建成了包括火炬园、厦门软件园（一、二、三期）、厦门创新创业园、同翔高新城、火炬（翔安）产业区等多园区产业发展大平台。重点发展壮大平板显示产业、计算机与通信设备产业、电力电器产业、半导体与集成电路产业、软件与信息服务产业等产业链（群），以及人工智能产业、新能源新材料产业、物联网与工业互联网、医药与智慧健康等产业链（群）。截至2022年年底，已开发园区占厦门不到3%的土地面积，实现了厦门43%的工业产值，其中高技术产业产值占规上工业总产值比重达82%以上。厦门国家火炬高新区聚集各类企业17000多家,其中国家高企1200多家,占厦门近五成。厦门国家火炬高新区内,有7家年产值超百亿元制造业企业(厦门市共有10家),近400家年营收超亿元企业,100多家瞪羚企业,70家境内外上市公司(含新三板),建设各类创新平台200多个,其中国家级孵化器5个、国家备案众创空间24家。

专栏 3

珠海国家高新区简介

珠海国家高新区主园区唐家湾镇位于珠海市北部,由唐家、金鼎、淇澳组成,占地面积139平方千米。珠海国家高新区是1992年12月经国务院批准成立,1993年3月由国家科委(现在的"科技部")授牌并进行动态管理的国家级高新区。2006年7月,珠海市委、市政府对珠海国家高新区和唐家湾镇做出"区镇合一"的体制调整,在唐家湾地区设立主园区。2015年9月,国务院正式批复同意珠海国家高新区建设国家自主创新示范区。

珠海国家高新区主园区强化产业集聚攻坚,做强半导体与集成电路、信创产业、人工智能与机器人三大前沿产业链,壮大生物医药与医疗器械、新能源与智能电网、数字经济三大特色产业集群,实施人工智能、区块链、6G、量子技术等未来产业孵化与加速计划。园区内共有南方软件园等16个孵化器,其中国家级孵化器6个。截至2021年年底,"一区多园"新增103家高企,总数达1136家,占全市的55%;新增4家省级新型研发机构,总数达17家,占全市的71%。拥有国家级企业技术中心7家、国家级工程技术研究中心2家。2022年,高新区"一区多园"综合评价排名上升至第17位,营业总收入预计达3850亿元、增长6.6%;主园区实现地区生产总值326.8亿元、增长4.5%,居全市第1位;规上工业增加值、工业投资总额和一般公共预算收入分别实现10.3%、100.4%和9.5%的增长。

专栏 4

常州国家高新区简介

常州国家高新区位于常州市北部，是 1992 年 11 月经国务院批准成立的首批国家级高新区之一。2002 年 4 月，在高新区基础上设立了常州市新北区，实行"两块牌子、一套班子"的管理体制。截至 2023 年 2 月，下辖 5 镇 5 街道、1 个省级经济开发区、1 个综合保税区，面积 508.91 平方千米，常住人口 90.03 万人。近年来，常州国家高新区相继获得"全国国家高新区建设 20 周年先进集体""江苏省先进开发区""华东地区最具竞争力开发区"等荣誉称号。

常州国家高新区深入推进"创新驱动发展示范区、高质量发展先行区"建设，初步形成了智慧能源，新材料、新能源汽车及汽车核心零部件，新一代信息技术，新医药及医疗器械，高端智能装备制造的产业集群，以"化工新材料、动力装备、通用航空、光伏新能源、生命健康、文化创意、智慧科创、现代农业"八大专题园区为支撑的产业发展格局，各项指标继续在全省高新区中保持领先。2021 年，常州国家高新区在国家高新区综合评价中排名第 21 位。2021 年，常州国家高新区实现地区生产总值 1820.37 亿元，同比增长 9%；人均 GDP 突破 20 万元；全年累计高技术投资超过 200 亿元，高新技术产业产值占规上工业产值比重达 61.2%，R&D 经费达 3.3%以上。常州国家高新区制定了"1+7+4"科技创新政策体系和 26 个配套实施细则，累计奖励高企培育及认定、高企研发投入、独角兽和瞪羚企业认定等 1.08 亿元；新增高企 167 家，规上高企研发机构覆盖率达 85.1%，累计认定潜在独角兽企业 9 家、瞪羚企业 118 家。

> 专栏 5
>
> **佛山国家高新区简介**
>
> 佛山国家高新区是1992年经国务院批准建设的首批国家级高新区之一。现在实行"市统筹、区建设、齐分享"的管理体制和"一区五园、统一规划、分园管理、创新服务"的管理模式,园区管理面积为470.72平方千米,下辖禅城园、南海园、顺德园、高明园、三水园。2021年,佛山国家高新区实现园区生产总值1942.85亿元,同比增长14.85%;入统企业实现工业总产值5016.75亿元,同比增长13.15%;实现营业收入5999.23亿元,同比增长15.03%。
>
> 佛山国家高新区发展以实体经济、民营经济为主,以"智能化""高端化"为导向,重点推动高端装备制造、智能家居、新材料三大主导产业,以及电子核心、生物医药与健康、生产性服务业三大特色产业发展。聚焦"硬科技"方向,积极发展机器人、增材制造、新能源汽车、氢能源、工业互联网等新产业新业态,构建高新区"两化一硬"高质量发展的"3+3+X"产业体系。佛山国家高新区汇聚制造业企业超过1万家,先进制造业产值占全市的50%,成为全市先进制造业核心引擎。园区拥有本土成长起来的世界500强企业2家、高企3602家、国家级孵化器24个、科技部备案的众创空间15个、国家级研发机构37个、省级以上重点实验室16家、省级新型研发机构26家、博士后科研站59个、院士工作站43个,成为创新创业的热土和高地。

2. 主要研究方法

(1)情报分析法。根据本书提出的高新区综合发展比较评价指标体系,综合多源数据收集几大高新区的具体指标。

(2)调查研究法。结合实地调研与书面调研,对初步研究结论进行去伪存真,识别松山湖高新区发展存在的主要问题,剖析根本原因。

(3)案例分析法。通过资料收集或案例调研等方法分析研究苏州工业园、厦门国家火炬高新区、珠海国家高新区、常州国家高新区、佛山国家高新区在推动园区高质量发展方面的经验。

（4）纵向分析与横向比较相结合。在对松山湖高新区发展水平进行纵向分析的基础上，与重点园区进行横向比较分析，从而找出松山湖高新区发展存在的主要问题和与重点园区的差距。

参考文献

[1] 管轩，刘清．厦门国家火炬高新区：打造高质量发展"高新样板"[N]．中国高新技术产业导报，2022-10-24（008）．

[2] 李争粉，梁铁．佛山高新区加速打造高质量发展创新高地[N]．中国高新技术产业导报，2022-10-17（018）．

[3] 叶青，陆嘉辉．科技直通车进佛山高新区 为企业搭建升级改造平台[N]．科技日报，2021-12-14（007）．

[4] 松山湖高新区．党建引领科学城创新发展[J]．新经济，2021（07）：136-141．

[5] 发展高科技 实现产业化——常州国家高新区[J]．科学中国人，2019（22）：66-67．

[6] 刘禹程，程文浩，俞乔．构建国家发展综合平台及高质量发展评价指标体系——以经开区、高新区和国家级新区为例[J]．科学管理研究，2020，38（05）：2-11．

[7] 刘会武，赵祚翔，马金秋．国家高新区高质量发展综合性评价测度与趋势收敛检验[J]．科学学与科学技术管理，2021，42（06）：66-80．

[8] 王林川，刘丽，吴慈生．新经济环境下国家高新区高质量发展评价研究——以10个国家高新区为例[J]．科技管理研究，2021，41（03）：33-39．

[9] 段艳红，刘毅．2020年度广东国家高新区排名变化情况分析及对策建议[J]．广东科技，2021，30（04）：57-60．

[10] 丁飞燕，李凌宇．新时期国家高新区国际化新路径[EB/OL]．（2022-05-17）[2022-10-17]．

[11] 刘绍滨．东莞推进产业结构转型升级的问题与对策研究[D]．广州：华南理工大学，2015．

[12] 张华桥，向连．东莞发展模式之变：从要素驱动迈向创新驱动[N]．东莞日报，2022-01-17（A03）．